A Poética de Sem Lugar

Coleção Estudos
Dirigida por J. Guinsburg

Equipe de realização – Edição de Texto: Luciana de Almeida Tavares; Revisão: Mariana Munhoz; Sobrecapa: Sergio Kon; Produção: Ricardo W. Neves, Raquel Fernandes Abranches, Sergio Kon, Elen Durando, Mariana Munhoz e Luiz Henrique Soares.

Gisela Dória

A POÉTICA DE SEM LUGAR
POR UMA TEATRALIDADE NA DANÇA

CIP-Brasil. Catalogação na Publicação
Sindicato Nacional dos Editores de Livros, RJ

S634p

    Dória, Gisela
    A poética de sem lugar : por uma teatralidade na dança / Gisela Dória. – 1. ed. – São Paulo : Perspectiva, 2013.
    120 p. : il. ; 23 cm.   (Estudos ; 311)

    Inclui bibliografia
    ISBN 978-85-273-0981-3

    1. Dança. 2. Teatro. 3. Artes cênicas. I. Título. II. Série.

13-01894   CDD: 790.2
                                                                         CDU: 792

06/06/2013   07/06/2013

Direitos reservados à
EDITORA PERSPECTIVA S.A.

Av. Brigadeiro Luís Antônio, 3025
01401-000 São Paulo SP Brasil
Telefax: (011) 3885-8388
www.editoraperspectiva.com.br

2013

Passado, presente e futuro...

Meus avós, Elza e Pedro; meus pais, Lais e Artur; minha irmã, Carolina;

Meu marido, Matteo;

Meus filhos, Gabriela e Pedro; e minha sobrinha, Manuela;

Amo vocês, muito obrigada por estarem perto.

Sumário

Agradecimentos.................................... XIII
Apresentação – *Felisberto Sabino da Costa* XV
Introdução XIX

DANÇA E TEATRO................................. 1
   A Morte do Balé Romântico....................... 1
      O Brasil importa 4
      O Brasil se importa......................... 10
      Minas na dança – um "não estar-estando" 15

   O Teatro se Levanta do Sofá...................... 19

   O Amálgama.................................... 26
      Primeiras experiências, Laban, Jooss e Wigman . 27
      Pina Bausch e o Tanztheater Wuppertal 32
      Desdobramentos contemporâneos,
      corpos híbridos 34

PRIMEIRO ATO: TEATRO NA DANÇA 39

   Percurso Artístico 39
   Treinamento e Processos de Criação. 46
   Possíveis Influências 49

DESCRIÇÃO E ANÁLISE DE *SEM LUGAR* 53

   O Lugar 54

      O (sub)texto de Drummond 55
      O corpo singular-coletivo 57
      O objeto como regra libertadora do corpo
      em cena. 64
      O espaço. 69
      O tempo 72

   O Não-Lugar. 74

      Novamente o corpo singular-coletivo
      ou corpo paradoxal. 76
      As metáforas, a poesia 78
      O silêncio, o vazio e o não dito 83

   O Lugar Onde Estamos – Teatro e Dança 84

      Sobre a teatralidade. 85
      A antiteatralidade e a dança performativa. 86
      Amizades *gauches* 88

Referências Bibliográficas. 91

HISTÓRIA NATURAL

Cobras cegas são notívagas.
O orangotango é profundamente solitário.
Macacos também preferem o isolamento.
Certas árvores só frutificam de 25 em 25 anos.
Andorinhas copulam no voo.
O mundo não é o que pensamos.

CARLOS DRUMMOND DE ANDRADE

Agradecimentos

Felisberto Sabino da Costa, pela orientação e cumplicidade, grande mestre.

Suely Machado, Lula Ribeiro, Iarinha e Ariel, pela amizade, carinho e generosidade.

Cássia Navas e Eduardo Coutinho, pelas contribuições rigorosas e pertinentes.

Luiz Fernando Nasser, por tantas coisas.

Martine, Ana e Téo, família.

Katia Rabello, Marcela Rosa, Alex Dias, Paula Davis, Vivi e Sergio Penna, Tuca Pinheiro, Glória Reis, Arnaldo Alvarenga, Paulinho Polika, mineiros incríveis, pela atenção e prontidão.

Jorginho de Carvalho, meu amigo de infância.

Flávia Abreu Siufi, minha sóciamada, aos nossos alunos e parceiros de trabalho, principalmente: Clarissa Nasser, Juliana Insfran, Luciano Lima, Giselle Brum de Arruda, Marina Silva, Nilseo dos Santos e Renzo Siufi.

Rita Ericson, Luciana e Kemal, amigos de toda hora.

Graziela e Léo, Cassiano e Lúcia, novos amigos e parceiros.

Helena Bastos, Helena Katz e Lenira Rengel, professoras que abriram as portas.

Marci Dória, estímulo constante.

Cristina Braga e Henrique Rochelle, parceiros na pesquisa e paixão pela dança.

Casa de ensaio, com todos os nossos alunos e parceiros.

Apresentação

A investigação sobre a teatralidade, que permeia a dança do grupo "Primeiro Ato", é bastante oportuna, não somente por trazer à luz o seu processo criativo, como também pela relação que evidencia o tensionamento e a porosidade entre os campos do teatro e da dança, relação essa que aporta misturas (ou amálgamas) num espaço-tempo em que se fundem e, ao mesmo tempo, mantêm-se distintos. As concepções de teatralidade que emergem dessa articulação ampliam a presente análise, que não se reduz à simples busca do que é teatral na criação manifesta do grupo. Assim, uma questão central, nesse processo, diz respeito à(s) dramaturgia(s) que constituem as diversas camadas da "dança-teatro", as quais compõem o espetáculo *Sem Lugar*, configurando-se a passagem mais significativa da reflexão elaborada pela autora.

Cabe uma pergunta: o que seria a dramaturgia da dança? A coreografia, tomada como "o dançar da dança", não seria suficiente para abarcar esse fenômeno, sob uma perspectiva que amplia o sentido usual do termo? Numa época em que a palavra dramaturgia é utilizada para designar diversos fazeres da cena, a pesquisa empreendida manipula o conceito, de forma eficaz, nominando-se dramaturgia o que são os seus atributos fundamentais. Embora possa estar estreitamente relacionada ao teatro, a dramaturgia não é algo apenas do teatro, ela se inscreve igualmente no território da dança e em outros. Pensar a dramaturgia da dança como uma escritura cênica endereça-nos àquilo que é da ordem do legível, em suma, a um texto (mesmo configurado pelo corpo) que é posto para ser lido, ainda que não se pretenda um sentido lógico. Porém, dramaturgia é algo que supera a ideia do texto e da escritura cênica. Na dança e no teatro, ela não diz respeito, necessariamente, à escritura cênica ou ao texto, mas ao tecido em processo e dos processos, configurado como imagem viva que se articula em ritmos, revelando uma tessitura concreta e/ou abstrata que se instaura por relações energéticas em diversas intensidades. Falar de ação, personagem ou conflito dramático é abordar somente um aspecto desse intricado universo.

A dramaturgia-coreografia de *Sem Lugar* possibilita saborear o tecido híbrido, o amálgama ou a mistura das manifestações da imagem: sensorial, acústica, corporal, textual, entre outras tantas que ainda estão por surgir. Tocar – e ser tocado –, em todos os sentidos que o evento possa suscitar, é o cerne do fazer dramatúrgico. Essas são questões instigantes que a autora articula de forma primorosa e que não têm como intento buscar respostas confortantes e imediatas – antes são colocadas possibilidades para enriquecer a discussão.

Desse modo, a proposta do *Sem Lugar*, como elemento central da análise, resulta instigadora, pois, entre outros textos do grupo mineiro, que poderíamos considerar mais teatrais para tal fatura, a autora optou por colocar em cena a teatralidade da dança e do teatro, mediante uma escolha que faz de *Sem Lugar* a intersecção dessas diversas manifestações. Para tanto, tece um percurso que principia com uma perspectiva histórica sobre a dança no Brasil ao longo do século xx, e aprofunda esse recorte, concentrando-se em Minas Gerais, feito que possibilita a apreensão do contexto que desembocou no advento do Primeiro Ato. O passo seguinte é dedicado a questões conceituais quanto às transformações ocorridas na dança, a partir dos anos de 1920, apresentando-nos, com um olhar acurado, as experiências de alguns dos principais nomes daquele período, que promoveram, nos dizeres da autora, "o amálgama teatro e dança": Rudolf Laban, Kurt Joos, Mary Wigman e Pina Bausch. Certamente, essa visada alimenta-nos para que adentremos à trajetória do Primeiro Ato munidos por um lastro histórico e conceitual potente, na qual apresenta-se o percurso artístico, o treinamento e os processos de criação, enquanto ressaltam-se as possíveis influências – ou contaminações – sofridas pelo grupo.

Por fim, deparamo-nos com a primorosa descrição e análise do espetáculo já citado, que se torna uma espécie de clímax de um percurso construído, não de forma linear, mas pelo jogo analítico que se instaura em camadas. Para abarcá-las de forma profunda, faz-se necessário elaborar um caminho alimentado pela poesia, por meio de uma escritura precisa que se abre para associações poéticas em diversos âmbitos. O referido trajeto desdobra-se em "o lugar", no qual se trabalha o material tangível, aquilo que é possível de ser visto ou sentido, e o "não-lugar", que contempla as forças invisíveis que movem a alma. Enquanto o primeiro contempla o (sub)texto de Carlos Drummond de Andrade, o corpo singular do dançarino, o objeto como regra libertadora do corpo em cena, o espaço e o tempo, o segundo dedica-se ao corpo sutil, às metáforas, à poesia, ao silêncio, ao vazio e ao não dito, compondo um quadro refinado dessa obra que se constitui pelo "fluxo da dança, da poesia e do teatro de modo vivo e pulsante". Nesse sentido, *Sem Lugar* é uma obra em constante devir, que pode se converter em lugar se nos ativermos a um ponto – ou um aspecto – da cena e não aos fluxos por onde vibram múltiplos instantes imagéticos. Para além da fusão do teatro e da dança, *Sem Lugar* trata de encontros, que revelam aberturas para o outro e ocorrem pelo contágio recíproco, pelo desejo das partes de se fundir ou se misturar, gerando uma zona viva de fricções, enfrentamentos e carícias. Assim, as amizades *gauches* entre o teatro e a dança geram um encontro a ser experenciado conforme o desejo de cada qual, cuja chave é fornecida por uma escritura que flui poética e ardorosamente.

Felisberto Sabino da Costa
Professor livre docente do Instituto
de Artes Cênicas da Universidade de São Paulo

Introdução

Olhar de perto para a teatralidade que existe na dança do grupo Primeiro Ato é o principal objetivo desta obra. A dança contemporânea, uma das linguagens utilizadas pelo grupo mencionado, é caracterizada por uma complexa multiplicidade, o que a torna objeto de difícil conceituação. Reconhece-se hoje o grupo norte-americano Judson Dance Theater[1] e os artistas que orbitavam em seu território nos anos de 1960 nos EUA como alguns dos fundadores dessa dança, ou aqueles que, de certo modo, construíram suas bases.

No Brasil, por volta dos anos de 1970, estrangeiros aqui radicados, como Renée Gumiel e Maria Duschenes, e brasileiros com vivências artísticas no exterior deram início a projetos pessoais e a novos grupos de dança, principalmente nos grandes centros (Rio de Janeiro e São Paulo). Gradualmente, outros focos foram surgindo e o pensamento que levaria a uma nova linguagem na dança foi se espalhando pelo país.

---

1   Grupo de dançarinos, atores, coreógrafos e músicos que se reuniam no Judson Memorial Theater em Nova York nos anos de 1960. O trabalho que realizavam era altamente experimental. Eles podem ser considerados como um dos principais fundadores da dança contemporânea ou pós-moderna americana.

Nesse sentido, o grupo mineiro Primeiro Ato se justifica como objeto de estudo desta obra, uma vez que, atuando há mais de 25 anos na cena contemporânea brasileira, ele desenvolve uma linguagem híbrida, na qual o teatro se cruza com a dança e a poesia, entre outras mídias, provocando uma intermidialidade, que, como observou Pavis, "não significa nem uma adição de diferentes conceitos de mídia nem a ação de colocar entre as mídias obras isoladas, mas uma integração dos conceitos estéticos das diferentes mídias em um novo contexto"[2].

O Primeiro Ato tem uma trajetória singular dentro da dança contemporânea brasileira, destacando-se na cena nacional. Composto por bailarinos de diversas idades, provenientes de vários estados brasileiros, e com a direção de Suely Machado, uma de suas fundadoras, o grupo vem buscando manter um constante espaço de renovação. Em parceria com músicos, cenógrafos e outros artistas, um vasto repertório foi construído, o qual inclui peças inspiradas em textos de autores nacionais como Nelson Rodrigues, Adélia Prado, Carlos Drummond de Andrade e Clarice Lispector, assim como espetáculos criados a partir de improvisações provenientes dos mais variados estímulos.

Para desenvolver este estudo, muitas obras do Primeiro Ato serviriam como objeto de análise: *Beijo nos Olhos... na Alma... na Carne,* inspirado no universo de Nelson Rodrigues; *Isso Aqui Não É Gotham City,* baseado na estética das histórias em quadrinhos; ou a *Breve Interrupção do Fim,* com direção de Gerald Thomas e Suely Machado. Contudo, a obra escolhida é *Sem Lugar,* espetáculo que estreou em 2004, inspirado na poesia de Carlos Drummond de Andrade.

É possível que *Sem Lugar* não seja uma escolha óbvia, visto que pode não ser a obra mais explicitamente teatral do Primeiro Ato, mas é, para o propósito deste livro, aquela mais desafiadora, permeada por frestas das quais, a partir do diálogo da dança com a poesia, o teatro emerge de forma consistente. Um recorte, mineiro ao quadrado, que sai do relevo montanhoso de Minas Gerais e abre um espaço que se alarga em um vasto horizonte, mas mantém suas curvas, seus picos e seus vales.

2   *A Análise dos Espetáculos,* p. 42.

No Brasil, graças aos programas de mapeamento histórico-artístico – como o projeto *Rumos* do Itaú Cultural, no qual podemos ter uma visão panorâmica (ainda que não constantemente atualizada) do que é produzido em termos de dança contemporânea nas diversas regiões –, aos grupos de estudos e às publicações, já se promove uma ampliação do pensamento sobre a dança contemporânea, fortalecendo o ainda imaturo acervo dessa arte. Desse modo, a presente obra visa oferecer uma contribuição para a reflexão sobre a dança e o teatro, terreno em que muitas vezes a teoria e a prática não dialogam e o discurso teórico se mantém distante da produção artística. A partir da investigação sobre tal diálogo, é possível, portanto, estimular o debate a respeito desse amálgama entre a dança e o teatro, um gênero cênico ainda pouco explorado no Brasil.

Os elementos espetaculares associados ao trabalho do Primeiro Ato serão vistos como agentes por meio dos quais signos móveis rearticulam dinamicamente os diferentes materiais utilizados em suas produções. Por isso, a escolha desse grupo e seu percurso singular como objeto de estudo, representa um ato de responsabilidade, o qual tem sua relevância ainda mais acentuada ao pensar que se trata de uma companhia que se afirmou fora do eixo dominante da produção artística nacional e sobrevive como "corpo estável", independente de um vínculo institucional com o Estado, há mais de vinte anos.

A dança contemporânea, desde seu início nos anos de 1960, tem como forte característica não somente o hibridismo entre várias linguagens, o uso da palavra, o movimento orgânico e cotidiano, mas principalmente o fato de ser uma "dança que se pensa", uma dança democrática e política. Para que se possa seguir pensando e debatendo essa dança, é preciso alimentá-la de materiais que somem à "dança que se dança" aquela que debate e pensa.

Porém, não se pode esquecer que a questão central deste projeto está relacionada à teatralidade no trabalho do grupo já referido. Sendo assim, juntamente com os aspectos mencionados anteriormente, se faz necessário considerar igualmente aqueles que remetem ao universo teatral. Consequentemente, outros horizontes de investigação se abrirão, possibilitando assim o surgimento de novas questões, como por exemplo: de que maneira se dá a exploração de textos dramáticos e não dramáticos?

A partir das elaborações descritas, emerge o eixo norteador desta obra: a teatralidade na dança do grupo Primeiro Ato. Ainda que o objetivo não seja mensurar as linguagens presentes no espetáculo *Sem Lugar*, de que maneira elas se alimentam, se apoiam, se equilibram ou se desequilibram, revelando esse trabalho como uma obra de arte híbrida? E tal questionamento gera outras indagações que têm um caráter derivativo em relação à primeira: como pode ser definido o trabalho desenvolvido pelo Primeiro Ato: dança contemporânea, dança-teatro ou teatro-dança? É necessário chegar a uma definição nesse sentido?

Mesmo sem analisar todo o repertório do grupo, faz-se indispensável uma investigação panorâmica de seu trabalho. Assim, torna-se inevitável a reflexão sobre suas possíveis influências, principalmente a contribuição advinda do trabalho de Marilene Martins, do grupo Trans-Forma, e posteriormente de Pina Bausch. Apesar da absorção da dança-teatro nos dias de hoje, não podemos deixar de reconhecer que foi graças às produções do Tanztheater Wuppertal que um novo horizonte se abriu em termos expressivos nas artes cênicas contemporâneas. Desta forma, as perguntas feitas anteriormente atravessarão necessariamente o terreno de criação da coreógrafa alemã. A partir da reflexão sobre tal fazer, ainda outra pergunta permeará esta obra: com base nessas considerações, é possível reconhecer a existência de um processo de criação singular no trabalho desenvolvido pelo grupo Primeiro Ato?

No primeiro capítulo deste livro, o objetivo é elaborar uma reflexão sobre a dança cênica brasileira, perceber de que maneira e sob quais circunstâncias a dança moderna e posteriormente a contemporânea se instauraram na cena nacional. No que diz respeito a esse universo nacional, serão observados alguns grupos e nomes que construíram e constroem a dança contemporânea brasileira. Finalmente, será realizado um recorte no universo mineiro, terreno fértil de onde surgiram nomes importantes como Klauss Vianna, Marilene Martins, Arnaldo Alvarenga, Dudude Hermann, grupo Trans-Forma, grupo Corpo e finalmente o próprio Primeiro Ato. Em seguida, na segunda seção desse capítulo, importantes diretores teatrais, tais como Stanislávski, Meierhold, Artaud e Grotowski servirão de referência, autores de processos geradores de teatralidade que tiveram como objetivo ultrapassar a reprodução da realidade. Dessa forma, terá início a terceira seção do primeiro capítulo, onde será analisada, a partir das tensões entre a dança e o teatro, a questão do amálgama, por meio da metáfora definida pelo químico Sérgio Lins:

> após algum tempo e esforço consistente para o ajuste dos processos, consegue-se fazer com que parceiros operem como se fosse uma única entidade. Não se sabe, num dado instante, a quem um determinado processo pertence, pois, mesmo com suas diversidades, eles se misturam para formar um todo como se fossem um amálgama[3].

No segundo capítulo, o objetivo será o de levantar questões sobre o trabalho do Primeiro Ato como um todo, tentar perceber como o seu percurso criativo foi modificando as características de suas obras, e rever seu trajeto artístico e suas principais influências. Serão formuladas questões que buscam confirmar a presença do teatro na dança de *Sem Lugar* e através delas possíveis fontes de influências teatrais e corpóreas serão identificadas, tais como a movimentação somática, a mímica, Laban, balé clássico etc.

Tendo assistido ao espetáculo referido como espectadora e a partir do exame de seus vários registros, observação de ensaios, da análise do DVD, da leitura de críticas em jornais, encartes de divulgação e de entrevistas com autores e colaboradores chega-se finalmente ao terceiro e último capítulo. Nesse item será realizada uma descrição de *Sem Lugar*, assim como do percurso do espetáculo para que em seguida possa ser analisado, cruzando tal análise com elaborações desenvolvidas por vários autores, tais como: Patrice Pavis, Hans-Thies Lehmann, Marc Augé, Merleau-Ponty, Jorge Luis Borges, entre outros, a fim de revelar a intertextualidade presente nessa obra.

Como ponto de partida propõe-se definir dois eixos de análise, "o lugar" e o "não-lugar". O primeiro eixo, "o lugar", percorrerá aquilo que se pode observar em cena. Esse eixo

---

3 *Sinergia: Fator de Sucesso nas Relações Humanas*, p. 16.

pretende pontuar aspectos que vão desde a concepção coreográfica, do figurino, da cenografia, da iluminação até o resultado final que se vê em cena; o que pode ser classificado como visível – aquilo que está ao alcance da descrição mais objetiva e concreta possível.

Com relação ao segundo eixo, o "não-lugar", o objetivo é ultrapassar o alcance da visão. Nesse eixo pretende-se atingir a construção de pontes conceituais que serão importantes para materializar os aspectos tratados nesse caso.

Finalmente, como bailarina e coreógrafa, buscarei desenvolver um olhar voltado também para questões mais subjetivas. Essas serão abordadas buscando chegar ao nível do invisível, aquilo que faz da obra um ponto de partida para descobertas sensoriais individuais e coletivas.

Dança e Teatro

A MORTE DO BALÉ ROMÂNTICO

Para os artistas da dança cênica europeia e norte-americana nas primeiras décadas do século XX, matar a *ballerina*, enterrar suas sapatilhas de pontas, afogar suas tiaras e seus tutus românticos, despentear seus cabelos, era não somente um caminho possível, mas provavelmente o único que vislumbravam. É evidente que o balé clássico não foi assassinado e vive até os dias de hoje, mas foi com esse espírito de desconstrução e renovação, influenciadas pelas pioneiras da revolução na dança, Loie Fuller (1862-1928), Isadora Duncan (1877-1927) e Ruth Saint-Denis (1879-1968), entre outras, que as não menos pioneiras de sua época Mary Wigman (1886-1973), Doris Humphrey (1859-1958) e Martha Graham (1894-1991) deram seus primeiros passos para o que viria a ser reconhecido mundialmente como dança moderna. Essas mulheres não somente transgrediram a técnica clássica como criaram suas próprias linguagens, estabelecendo novos parâmetros e referenciais para a dança ocidental.

Isadora Duncan, no início do século XX, pregava a criação de uma dança "nova", uma diferente forma de movimento do corpo. Recordando-se de um curso de Marius Petipa que havia assistido em sua primeira viagem à Rússia, a bailarina escreveu:

> O objetivo de todo esse treinamento parecia ser uma ruptura completa entre os movimentos do corpo e os da alma. É justamente o contrário de todas as teorias sobre as quais baseei minha dança: o corpo deve se tornar translúcido e é apenas o intérprete da alma e do espírito.[1]

Mas, se nessa primeira viagem à Rússia Duncan sentiu um estranhamento, assim como um distanciamento do balé clássico, em uma ida posterior ao país ela estabeleceu contato com o diretor teatral russo Stanislávski. Naquele encontro ela pôde perceber uma aproximação de sua dança com os preceitos teatrais que esse diretor elaborava. O artista russo, por sua vez, percebeu também uma conexão com a norte-americana. Em seu livro *Minha Vida na Arte*, ele se refere a Duncan como atriz e não como bailarina, e aponta que, embora em campos artísticos distintos, os dois estavam em busca da mesma coisa[2].

De certa forma, Duncan foi a porta-voz dessa "coisa", uma nova dança. Ela era a mulher que "matava" a bailarina clássica, era ousada e dançava livremente. Bastante intuitiva, mas com forte inspiração na Grécia clássica, vestida em túnicas diáfanas, Isadora não dependia de um *partner* que a carregasse, de um elenco que lhe desse suporte, nem mesmo de um coreógrafo que a dirigisse. Antes de ser uma dançarina, era uma mulher autônoma, dona de seu corpo e do seu sexo, além de autora de sua própria arte.

É importante ressaltar, porém, que ao citar essas mulheres revolucionárias e suas reivindicações em prol da libertação da mulher e de sua dança, não se pretende excluir os homens que participaram efetivamente dessa revolução artística como Rudolf Laban e Kurt Jooss, por exemplo. Embora não entrem nesse recorte Diaghilev e seu Ballets Russes[3] com sua herança neoclássica, vale mencionar a relevância das ideias de Fokine[4].

---

[1] Apud P. Bourcier, *História da Dança no Ocidente*, p. 251.
[2] *Minha Vida na Arte*, p. 452.
[3] Sergei Diaghilev (1872-1929), empresário, fundador e diretor do Ballets Russes, companhia de dança que revolucionou a linguagem do balé clássico na Europa e, consequentemente, em todo o Ocidente.
[4] Michel Fokine (1880-1942), coreógrafo russo, membro da companhia de Diaghilev, que muito contribuiu para a renovação do balé clássico.

Para o coreógrafo russo o "balé novo" diferia do balé clássico convencional, assim como da dança moderna proposta por Isadora Duncan. Essa dança que Fokine criava e defendia "reconhecia a excelência de ambos [...] mas recusava aceitar qualquer uma das formas como final e exclusiva"[5]. O critério de escolha dos artistas aqui mencionados privilegia aqueles que, mais do que transformar a dança, romperam efetivamente com a dança clássica, sua hegemonia e seus paradigmas seculares.

Na Europa, no início do século XX, assim como na América do Norte, os dançarinos declararam morte ao balé clássico vigente – ainda que esse, conforme clamava Fokine, entre outros, sobrevivesse reinventando-se através de novas ideias e novas parcerias –, e a dança que emergia não era romântica nem necessariamente lírica, ao contrário, era dramática e às vezes cruel, mostrando ao público suas próprias dores e mazelas. A dança moderna veio buscando negar o que o balé clássico havia afirmado. Se na dança clássica as bailarinas eram seres imaginários ou irreais, que voavam e flutuavam, explorando linhas ascendentes e aéreas, as dançarinas modernas se contorciam, usavam seu torso como o centro de onde emergiam seus movimentos e exploravam o chão de maneira inimaginável para os bailarinos clássicos. Para a bailarina alemã Mary Wigman[6]:

> O balé tinha atingido tal estado de perfeição que não poderia ser mais desenvolvido. Suas formas tornaram-se tão refinadas, tão subordinadas ao ideal de pureza, que o conteúdo artístico era frequentemente perdido ou apagado. O "grande bailarino" não representava mais uma grandiosa emoção (como o músico ou o poeta), mas havia se transformado em um exímio virtuose. [...] Os tempos, no entanto, tornaram-se ruins. A guerra transformou a vida [...]. Como essas antigas e destruídas tradições permaneceriam estáveis através desse horrível período de destruição?[7]

Os contos de fadas foram substituídos pela mitologia greco-romana, por questões humanas e existenciais. A dança deveria

---

5 Letter to "The Times", July 6th, 1914, em R. Copeland; M. Cohen (eds.), *What is Dance?*, p. 259.
6 Mary Wigman (1886-1973), discípula de Rudolf Laban e Kurt Jooss, figura representante da dança expressionista alemã.
7 The Philosophy of the Modern Dance, em R. Copeland; M. Cohen (eds.), op. cit., p. 306.

refletir o homem moderno, suas preocupações e suas necessidades. Não existia, no entanto, uma técnica única que pudesse ser denominada como "a técnica moderna". Ao contrário, cada coreógrafo forjava seu próprio repertório e desenvolvia sua estética e seu estilo.

Martha Graham, a dançarina norte-americana que se tornou o símbolo da dança de sua época, produziu obras que eram permeadas por uma intensidade dramática. Sua técnica corporal era fortemente apoiada no tronco do bailarino, valia-se de torções, contrações e expansões (*contract-release*[8]), figuras geométricas, e tanto um trabalho de base no chão quanto o uso e a exploração do espaço e de saltos. Apesar de ter construído um vasto repertório, que não pode ser resumido em poucas linhas, algumas características eram recorrentes em seu trabalho. Graham explorava o uso dos figurinos, dos cenários e da iluminação, de modo a estabelecer um diálogo expressivo entre eles e a dança. Temas como os Estados Unidos e seus colonizadores, assim como os seus ancestrais, eram também recorrentes em suas criações, que para muitos eram transmissoras de uma teatralidade potente.

No Brasil, a dança chegou como chegaram outros bens de consumo: por via marítima. Os artistas, assim como as grandes companhias de dança, música e teatro, vinham em *tournées* para temporadas sul-americanas e muitos por aqui ficaram. Assim, no início do século XX, do mesmo modo que o Brasil importava moda, bebida ou carros, a arte e os artistas também passaram a ser importados. Apesar da Semana de Arte Moderna e dos eventos que a antecederam, o mercado artístico nacional ainda espelhava, de modo geral, aquilo que se via na Europa.

O Brasil Importa

Se a Semana de Arte Moderna de 1922 foi um acontecimento divisor de águas na produção artística nacional, a dança só foi verdadeiramente atingida pelo espírito modernista muitos anos depois. Durante a semana que prometia romper com os paradigmas que regiam a arte no Brasil, deixar de copiar a produção

---

8 *Contract-release*: base da técnica de dança moderna de Martha Graham, fundamentada nas ações de contrair (*contract*) e relaxar (*release*).

estrangeira e buscar uma linguagem artística genuinamente nacional, a elite paulistana foi mobilizada para acompanhar uma programação que incluía poesia, música, artes plásticas, entre outras manifestações. O único registro de uma récita de dança, no entanto, foi a da bailarina Yvonne Daumerie. Considerada uma espécie de "Isadora Duncan brasileira", Daumerie, assim como a norte-americana, dançou sozinha no palco, acompanhada somente pela pianista Guiomar Novaes, que interpretou peças de Debussy e Villa-Lobos.

Apesar de estar presente na Semana de Arte Moderna, a dança moderna brasileira não emergiu com a mesma intensidade que outras formas de arte como a pintura, a escultura, a música e a literatura fizeram. Sendo assim, como no balé romântico, a dança moderna só teve sua posição estabelecida e reconhecida no universo artístico após o desenvolvimento estético de outras formas de arte. E, mesmo sendo a Semana de 1922 um marco do modernismo no Brasil, é preciso ressaltar que os dançarinos brasileiros dessa época não estavam imbuídos do espírito moderno. Na verdade, eles não desejavam "matar *ballerinas*", muito pelo contrário: o Brasil estava justamente importando bailarinas, seus *partners* e coreógrafos. Sem tradição na dança clássica e ainda sem uma pesquisa e identidade no campo da dança moderna, o Brasil do final dos anos de 1920 iniciava seu processo de construção de uma dança cênica nacional. Foi no ano de 1927, na cidade do Rio de Janeiro, que surgiu a primeira escola brasileira oficial de dança, sob a direção da bailarina russa Maria Olenewa[9], que chegou ao Brasil com a companhia de Anna Pavlova, que dançou no país nesse mesmo ano. A escola antecedeu o corpo de baile municipal carioca, que seria fundado em 1937.

Em São Paulo, a dança profissional só veio a se estabelecer mais tarde ainda. No ano de 1940 foi inaugurada a Escola Experimental de Danças do Teatro Municipal, tendo como diretor Vaslav Veltchek, proveniente da então Tchecoslováquia.

---

9   Durante a Revolução Bolchevista, Maria Olenewa fugiu com sua família e foi morar em Paris, onde conheceu Anna Pavlova e se tornou primeira bailarina de sua companhia. Depois de diversas turnês pela América do Sul, estabeleceu-se no Brasil e, em 1927, fundou a primeira escola de dança do Brasil – A Escola de Dança do Theatro Municipal, hoje Escola Estadual de Dança Maria Olenewa.

Deve-se ressaltar igualmente o surgimento nessa época das primeiras incursões da dança expressionista. No sul do país, em Porto Alegre, também já se respirava ares mais modernos. A mestra Lya Bastian Meyer, outra discípula de Mary Wigman, formada na Alemanha, foi a precursora no Brasil do método da bailarina alemã. Em sua escola, que funcionou de 1939 até 1959, Meyer ministrou aulas, dedicou-se à divulgação e ao reconhecimento da dança clássica e moderna naquele estado. Sendo assim, o pensamento de Wigman, que fundamentava uma dança fortemente expressiva e teatral, começava a emergir em diversas cidades brasileiras.

Outros dois casos relevantes para demonstrar como a dança expressionista foi gradualmente disseminada no país são o da gaúcha Chinita Ullman e o da carioca Eros Volúsia. Ullman, musa dos modernistas e discípula de Mary Wigman, que após longa temporada europeia transferiu-se para São Paulo fundando uma academia em sociedade com Kitty Bodenheim, foi uma personagem significativa para o desenvolvimento da dança moderna na cena paulista. Segundo Eduardo Sucena, foi graças ao trabalho realizado pela dupla de professoras (Ullman e Bodenheim) que em 1940 Vaslav Veltchek conseguiu, em três meses, um corpo de baile para a temporada lírica daquele mesmo ano[10]. O segundo caso é o de Eros Volúsia, bailarina de formação clássica, precursora da pesquisa de dança folclórica e "criadora de uma linguagem de dança genuinamente brasileira"[11]. Ambas começaram a se apresentar nas décadas de 1930 e 1940, respectivamente.

Em 1946, a bailarina russa Nina Verchinina transferiu-se para o Brasil, ainda que não definitivamente, e foi convidada para dirigir a escola de dança do Teatro Municipal do Rio de Janeiro, na qual ficou até 1948. Verchinina foi discípula de Rudolf Laban, além de bailarina na companhia de Ida Rubstein. Nessa companhia trabalhou com a bailarina e coreógrafa Bronislava Nijinska, irmã do revolucionário Vaslav Nijinski. Imbuída de ideias modernas, introduziu a técnica *barre par terre*[12] no Brasil.

10 *A Dança Teatral no Brasil*, p. 347.
11 Ibidem, p. 353.
12 *Barre par terre* é um método de aula desenvolvido originalmente pelo bailarino russo Boris Kniasseff (1900-1975), em que os exercícios de balé normalmente realizados em pé, com o suporte de uma barra de madeira, são realizados horizontalmente no chão.

As primeiras iniciativas coreográficas de Verchinina foram rejeitadas por uma classe artística ainda conservadora, preocupada principalmente em remontar balés clássicos de repertório.

Vale enfatizar que maioria desses dançarinos estrangeiros, até meados dos anos de 1950, não era exatamente "importada"; ao contrário, eles vinham ao Brasil a trabalho e ficavam no país por conta própria. Como exemplo, a própria Verchinina, que retornou para o Brasil em 1954, instalando-se definitivamente no Rio de Janeiro, onde realizou inúmeros trabalhos coreográficos de sucesso. As aulas da professora russa eram frequentadas não somente por dançarinos que procuravam novos códigos de dança, mas também por atores que pretendiam ampliar seu vocabulário de movimentos.

Aurel Milloss, bailarino e coreógrafo de origem húngara, mas nacionalizado italiano, foi contratado para dirigir o Balé do IV Centenário, companhia criada com subsídio do governo e da prefeitura de São Paulo para compor parte dos eventos comemorativos dos quatrocentos anos da cidade. Coreógrafo já reconhecido na Europa, Milloss veio para São Paulo com o objetivo de selecionar um elenco de bailarinos para a formação da nova companhia. Apesar de contar com alguns solistas estrangeiros, Milloss privilegiou a escolha de um grupo formado por bailarinos brasileiros, a maioria proveniente do Rio de Janeiro. O Balé do IV Centenário teve importância significativa, embora tenha tido uma carreira fugaz, uma vez que durou apenas dois anos, de 1954 a 1956. Além de obras criadas para músicas já existentes de compositores de reconhecimento mundial como Bach, Mozart, Verdi, J. Strauss, Ravel, Villa-Lobos e Stravínski, também foram desenvolvidas coreografias para músicas de compositores brasileiros como Camargo Guarnieri, Souza Lima e Francisco Mignone. A concepção e criação de cenários e figurinos buscava um verdadeiro trabalho colaborativo com os mais influentes artistas plásticos da época. Pintores como Cândido Portinari, Burle-Marx, Anahory, Noêmia Mourão, Quirino da Silva, Lasar Segall, Di Cavalcanti, Aldo Calvo, Irene Ruchti, Clovis Graciano, Heitor dos Prazeres, Oswald de Andrade Filho, Santa Roza, Toti Scialoja e Flávio de Carvalho foram alguns dos artistas convidados. Bailarinos brasileiros como Ady Ador, Edith Pudelko, Eduardo Sucena, os argentinos Ismael Guiser e Juan Giuliano, além do uruguaio Raul Severo, compunham parte dos sessenta integrantes da companhia.

Na década de 1940, a Universidade Federal do Rio de Janeiro, então chamada de Universidade do Brasil[13], incluiu a dança como disciplina no currículo de Educação Física. A pioneira a realizar este ato foi Helenita de Sá Earp, sob a influência das teorias de Rudolf Laban. Contudo, o estado da Bahia foi o verdadeiro precursor na criação da primeira faculdade de dança brasileira, fundada em 1956 na Universidade Federal da Bahia[14], com a direção da polonesa Yanka Rudzka. Outros estados brasileiros foram aos poucos criando suas escolas, absorvendo artistas estrangeiros que migravam dos grandes centros, fundando seus corpos de baile e construindo suas próprias trajetórias no mundo da dança. Assim, uma rede foi sendo criada em diversos pontos do Brasil, tecendo um universo no qual a dança saiu dos conservatórios e academias de balé e passou a ocupar as universidades, os estúdios de dança moderna e também os ambientes teatrais.

Consideradas pela historiadora Cássia Navas como *as mães da modernidade,* as bailarinas Rennée Gumiel e Maria Duschenes foram duas das matrizes da dança moderna na cidade de São Paulo, cuja influência reverberou por diversos estados brasileiros[15]. Gumiel abriu sua primeira escola de dança no Brasil em 1957. Francesa, discípula de Kurt Jooss, estudou no renomado centro *Dartington Hall,* na Inglaterra, entre os anos de 1933 a 1936. Ainda pequena, Gumiel iniciou seus estudos corporais a partir de uma espécie de ginástica influenciada pelo método Dalcroze[16]. Mais tarde, em Paris, frequentou cursos com Araçá Macarowa, discípula de Mary Wigman. Em *Dartington,* Gumiel vivenciou experiências teatrais com mestres como Michael Chekhov e Alexander Tairov; já no campo da

---

13 A Universidade Federal do Rio de Janeiro foi criada em 1920 com o nome de Universidade do Rio de Janeiro. Em 1937, passou a se chamar Universidade do Brasil e recebe a atual denominação desde 1965.
14 A Universidade da Bahia foi fundada em 1946 e passou a se chamar Universidade Federal da Bahia em 1950.
15 C. Navas, Dança Brasileira no Final do Século xx, em N. Cunha (org.), *Dicionário Sesc,* p. 14.
16 Dalcroze (1865-1950), músico suíço que desenvolveu um sistema de treinamento musical através da tradução do ritmo para movimentos corporais, chamado ginástica rítmica.

dança teve como mestres, nesse período, Ted Shawn e Laban, dentre outros. Em 1936, Renné Gumiel dançou em Paris *A Mesa Verde*, obra do coreógrafo Kurt Jooss. Bailarina com vasta experiência profissional, no Brasil e no exterior, via a dança como uma arte realmente completa, que consumava a união entre o espírito e o corpo[17]. Como coreógrafa, disseminou suas ideias inovadoras, contribuindo para a formação de artistas que vieram a se destacar na cena da dança moderna paulista, como Márika Gidali, Marilena Ansaldi e Ruth Rachou.

Por fim, para concluir esse trecho inicial que identifica alguns dos principais artistas estrangeiros que vieram ao Brasil espontaneamente ou contratados por companhias nacionais de dança, além de alguns bailarinos brasileiros que sofreram influência direta ou estudaram no exterior, é importante destacar a bailarina húngara Maria Duschenes. Nascida no ano de 1922, Duschenes veio para o Brasil em 1940, seguindo sua família que já havia imigrado alguns anos antes. Com formação semelhante à de Gumiel, Duschenes também iniciou seu contato com a dança através do método Dalcroze e estudou em Dartington Hall. A bailarina húngara exerceu forte influência nas futuras gerações de artistas brasileiros, e por sua escola passaram nomes como Yolanda Amadei, Lia Robato, Maria Esther Stockler, J.C. Violla, Juliana Carneiro da Cunha, Denilto Gomes, Lenira Rengel, dentre outros. Ligada a profissionais da educação, da dança e do teatro, Duschenes foi uma importante divulgadora das teorias de Laban. Como coreógrafa, Duschenes produziu em escala menos comercial, com bailarinos profissionais e não profissionais, promovendo um forte diálogo entre o trabalho pedagógico e o artístico.

O que se pode perceber desse início "importado" da dança no Brasil é que todos os profissionais que aqui desembarcaram, independentemente de seus estilos pessoais, tinham em comum um forte desejo de disseminar o vírus da dança pelo país. Esse vírus que se espalhou transformou a dança em "danças", multiplicou-se em técnicas e estilos, abriu espaços e rompeu barreiras. Esses artistas, com ou sem incentivos do governo brasileiro, lutaram para conquistar um lugar no mercado

---

[17] C. Navas, Dança Brasileira no Final do Século XX, em N. Cunha (org.), op. cit., p. 14.

incipiente da dança cênica nacional. Transmitiram uma bagagem de experiências internacionais para mais de uma geração, ávidas por conhecimento, que por sua vez trabalharam na criação e desenvolvimento de um espaço para a dança no país.

O Brasil se Importa

Levando em consideração as dimensões continentais do Brasil, assim como a especificidade deste estudo – que tem como recorte a teatralidade na dança, utilizando como referência um trabalho do grupo Primeiro Ato –, não é possível incluir neste estudo um mapeamento completo de todas as personagens que contribuíram para a construção de uma identidade da dança moderna e contemporânea brasileira. Sendo assim, para o momento justifica-se a decisão de focalizar os acontecimentos principais que tomaram corpo, e os corpos, na cidade de São Paulo, uma vez que foi em tal cidade que a dança moderna se desenvolveu significativamente no Brasil durante a segunda metade do século xx. Já o Rio de Janeiro manteve uma relação estreita com a dança clássica acadêmica, que, por sua vez, exportou muitos bailarinos para o resto do país, São Paulo inclusive. Posteriormente, uma atenção especial será dirigida para a cidade de Belo Horizonte, em Minas Gerais.

Discípulos de mestres estrangeiros, herdeiros de uma dança que aflorava no país, jovens brasileiros que haviam iniciado ou expandido seus estudos de dança, aqui e no exterior, deram continuidade ao projeto de realizar, finalmente, a construção da dança moderna nacional.

Em São Paulo, no final do ano de 1955, após a rápida existência da companhia Balé do IV Centenário, os bailarinos viram-se subitamente desempregados. Sem possíveis alternativas de inserção em um mercado inexistente, o que emergiu após uma breve incursão pela televisão, na qual os bailarinos brasileiros faziam fundo para programas de auditório, foram tentativas de construção de novos grupos e companhias de dança. Muitos dos grupos que foram criados na década de 1970 não tiveram vida longa, mas funcionaram como exercícios experimentais que desembocariam em três ações principais, que, segundo o pesquisador Linneu Dias, foram manifestações significativas no mundo da dança. São elas: a criação do Ballet Stagium em 1971, a reformulação do Corpo de Baile Municipal de São Paulo entre 1974 até 1981 e a inauguração do Teatro da Dança, na Sala Galpão do Teatro Ruth Escobar, em 1975[18].

Márika Gidali desenvolveu sua formação como bailarina no corpo de baile do IV Centenário, além de outras companhias como Ballet Amigos da Dança (1958) e Ballet Experimental de São Paulo (1962). Essas experiências serviram de referência para a fundação de sua escola e, posteriormente, companhia. Dotada de um grande potencial físico e dramático, Gidali sempre se destacou nos grupos dos quais participou. Associada ao bailarino e coreógrafo Décio Otero, fundou aquela que seria a companhia responsável por uma revolução na dança moderna brasileira, o Ballet Stagium. Otero, de origem mineira, aluno de Carlos Leite, mestre também de Klauss Vianna, fez carreira no Balé do Teatro Municipal do Rio de Janeiro assim como no exterior. Apesar da pouca experiência coreográfica que tinha na época da fundação de sua companhia, Otero demonstrou, desde o início de suas experiências coreográficas no Ballet Stagium, ser um artista inovador. Formado por um grupo de bailarinos que incluía nomes como Liliane Benevento, Milton Carneiro, Sílvia Antunes, Ivaldo Bertazzo, além do próprio casal fundador, o grupo se diferenciou da dança vigente no estado de São Paulo desde o seu princípio.

Dono de uma estética que não negava suas origens neoclássicas, com linhas coreográficas de um esteticismo de vanguarda, que permitia misturas estilísticas e incursões pelo mundo do teatro, o Ballet Stagium teve início modesto, privilegiando apresentações no interior do país. Com um interesse coreográfico que objetivava questões nacionalistas e políticas, abordando temas como o problema indígena em *Kuarup, ou a Questão do Índio*, de 1977, *Valsas e Serestas* e *Coisas do Brasil*, de 1979, *Mundo em Chamas*, de 1979, e *Pantanal*, de 1986, o Ballet Stagium construiu uma carreira sólida e duradoura que, apesar dos altos e baixos, naturais em qualquer existência artística prolongada, permanece ativo ainda nos dias de hoje.

18 L. Dias; C. Navas, *Dança Moderna*, p. 64.

A segunda ação fundamental, segundo Dias, foi a renovação do Corpo de Baile Municipal (CBM), que teve início no ano de 1974, com a vinda do bailarino e coreógrafo Antonio Carlos Cardoso, que atuava na Bélgica, no Ballet de Flandres. O CBM, que veio a se tornar o atual Balé da Cidade de São Paulo, foi fundado em 1968 como um corpo de baile com funções meramente complementares e decorativas às montagens operísticas do Teatro Municipal. Em função da autonomia adquirida a partir de 1974, o CBM se tornou uma companhia de repertório contemporâneo, com ênfase no que se pode chamar de "balé contemporâneo": uma estética de dança que não é clássica, de repertório tradicional, mas que não pode tampouco ser definida como dança moderna. Ou seja, trata-se de uma dança com origens na técnica clássica, mas que aborda temas mais abstratos e transpõe o tradicional vocabulário do balé clássico criando linhas de movimento renovadoras.

Dos principais coreógrafos que atuaram durante essa fase de reestruturação e definição de linguagem do CBM, pode-se destacar o espanhol Victor Navarro e os argentinos Luís Arrieta e Oscar Arraiz. Com um corpo de baile que incluía nomes como Carlos Demitre, Sônia Mota, Ivonice Satie, Ana Maria Mondini, entre outros, o CBM teve peças originalmente criadas para seu repertório, assim como adaptações de balés já estreados em outras companhias. Arraiz, por exemplo, remontou os balés *Canções* em 1976 e *Cenas de Família* em 1978, ambos os espetáculos já realizados fora do país, assim como *Prelúdios de Chopin*, originalmente criado para o CBM em 1977.

Se durante seu início e boa parte de seu percurso o CBM deu preferência a coreógrafos estrangeiros, isso se deve, segundo Dias, principalmente a dois fatos: a falta de tradição em dança no Brasil e a relutância geral dos brasileiros em abrir oportunidades para os próprios brasileiros[19]. Mais adiante, durante a gestão de Klauss Vianna, percebeu-se um avanço nessa questão do fomento a coreógrafos brasileiros. Outro progresso importante que merece destaque foi a própria mudança de nome da companhia, que, conforme já mencionado, passou a se chamar Balé da Cidade de São Paulo. Embora muitas alterações estéticas já

---

19 Ibidem, p. 120.

tivessem acontecido a partir de 1974, o grupo ganhou *status* de companhia oficial da cidade, além de assumir o perfil de dança contemporânea, que mantém até os dias de hoje. A criação do Grupo Experimental dentro do Balé da Cidade de São Paulo foi também de suma importância para o desenvolvimento de uma dança mais inovadora, pois revelou nomes que vieram a se tornar presenças atuantes na cena contemporânea brasileira, como Lia Robatto, Suzana Yamauchi e João Mauricio.

A breve, mas profícua, existência do Teatro da Dança[20] merece igualmente ser mencionada neste estudo. Fundado em 1975 na cidade de São Paulo, conquista da bailarina e coreógrafa Marilena Ansaldi, o Teatro da Dança funcionou durante seis anos na Sala Galpão do Teatro Ruth Escobar. Idealizado por Ansaldi e subsidiado pela Secretaria de Cultura, Esporte e Turismo do Estado de São Paulo, o Teatro da Dança pretendia ser, e de fato foi, um espaço direcionado para espetáculos experimentais de dança, assim como um local onde se realizassem oficinas gratuitas de dança, conferências, exibições de filmes etc. O primeiro espetáculo que se apresentou no Teatro Galpão (ou Sala Galpão) teve sua estreia antes mesmo da inauguração oficial do espaço. *Caminhada* foi um espetáculo resultante da parceria artística entre a bailarina Célia Gouvêa e o mimo[21] e diretor de teatro Maurice Vaneau. Tal parceria provocou interesse comum nas duas áreas, tanto da dança quanto do teatro. De fato, foi assinada por Sábato Magaldi a crítica a esse espetáculo:

> *Caminhada,* em cartaz no Teatro Galpão, mostra finalmente ao nosso público, no desempenho de Célia Gouvêa, o resultado de um preparo multidisciplinar. Os anos que ela passou no Mudra, em Bruxelas, sob orientação de Maurice Bejart, são visíveis na maestria física, no domínio corporal, na riqueza imprevista de gestos e movimentos, mesmo na segurança com que as palavras e sons se incorporam à personagem...[22]

Sônia Mota, que já vinha se destacando como bailarina clássica e principal figura do Balé da Cidade de São Paulo,

---

20 Galpão também era um nome do Teatro da Dança, localizado na Sala Galpão do Teatro Ruth Escobar.
21 Segundo Coutinho: mimo-*performer,* um ator-mímico.
22 S. Magaldi, apud L. Dias, op. cit., p. 129.

teve uma rica produção desenvolvida e realizada no Teatro da Dança. Inspirada também pelo espaço aconchegante, com o palco abaixo da plateia, sem a barreira da quarta parede e a distância do palco italiano, Mota pôde dar início a novas experiências coreográficas. Com o objetivo de pesquisar uma dança teatral, como definiu Gouvêa[23], os bailarinos e atores que frequentavam a Sala Galpão promoveram um verdadeiro movimento na cidade. Foram tantos candidatos querendo participar das oficinas que foi necessário fazer uma seleção para os cursos.

As sementes plantadas no solo do Galpão deram frutos e flores. Um vasto número de profissionais da dança, assim como do teatro, passou por aquele local. Se a sua duração não foi longa, sua produção e sua influência na cena teatral e de dança paulista foram amplas e intensas. A sala foi fechada em 1981 e o último espetáculo apresentado foi *De Pernas Para o Ar,* com a mesma dupla que a inaugurou sete anos antes, Gouvêa e Vaneau.

Certamente a dança brasileira não se resume a esses três percursos aqui tratados. Quando o título deste trecho se refere ao Brasil que "se importa", na verdade o que se pretende dizer é que depois de um começo fomentado por personalidades estrangeiras, o Brasil passou a escrever, de forma autônoma e pessoal, ainda que com referências e influências internacionais, sua própria história na dança.

Desse modo, é possível rever a história da dança no país dividida em três momentos diferentes. Um primeiro quando os artistas vieram de outros países e deram o pontapé inicial para promover a dança no Brasil, tanto a clássica quanto a moderna. Em um segundo momento, pode-se pensar em um Brasil que passa a se importar com a dança. Ao invés de buscar artistas no exterior, o que acontece é um intercâmbio no próprio país. As trocas passam a ser interestaduais, bailarinos do Rio de Janeiro espalham-se pelo território nacional, desdobrando e multiplicando os grupos e companhias locais. O Brasil se importa, no sentido de começar a se pensar em uma dança essencialmente brasileira. Finalmente, num terceiro momento, o país passa a ser fonte de matéria-prima da dança. Bailarinos brasileiros conquistam carreiras de renome internacional (como Márcia Haydée,

---

23 L. Dias, op. cit., p. 134.

Beatriz de Almeida, Ana Botafogo, Cecília Kerche, Ismael Ivo, dentre outros). Coreógrafos nacionais são convidados a remontar espetáculos e criar obras originais em outros países (Rodrigo Pederneiras e Deborah Colker são dois exemplos atuais). Sendo assim, esse período poderia ser definido como o momento em que o Brasil exporta a sua dança. Época que de certa forma vivemos hoje, em vários estados, com artistas, grupos e companhias nacionais que viajam pelo mundo para mostrar o amplo repertório da dança contemporânea nacional.

Minas na Dança – Um "Não Estar-Estando"

Diferente de como os "modernos" construíam seus diálogos com outras formas de arte, os dançarinos contemporâneos sugeriam novas formas de cruzamentos artísticos. Nomes como Merce Cunningham[24] e os bailarinos do Judson Dance Theater, entre outros, foram além do que seus antecessores haviam ousado. A dança saiu do teatro enquanto espaço físico e ganhou os parques, as calçadas, as galerias de arte, os metrôs e até mesmo as laterais de edifícios. Bailarinos e não bailarinos passaram a atuar juntos, democraticamente. Técnicas de danças, lutas marciais, movimentação somática, dança popular, jogos lúdicos e improvisações de diversas naturezas permitiram um alargamento inédito no vocabulário da dança.

No Brasil, conforme analisado, a dança experimental já vinha despontando há muitos anos em vários pontos do país – e Minas Gerais não ficou de fora. De fato, ao se propor a pesquisar um grupo de dança mineiro, este estudo se deparou com algo que não pode ser ignorado: a riqueza e a efervescência da produção artística realizada na cidade de Belo Horizonte, entre os anos de 1960 e 1970.

Tendo como referência duas publicações, *Cidade e Palco: Experimentação, Transformação e Permanências*, da historiadora Glória Reis, e *Dança Moderna e Educação da Sensibilidade: Belo Horizonte (1959-1975)*, dissertação de mestrado do coreógrafo

---

24 Merce Cunningham (1919-2009), dançarino, diretor e coreógrafo, foi discípulo de Graham, considerado um dos principais nomes da nova dança americana que emergiu nos anos de 1960 nos EUA.

e professor Arnaldo Alvarenga, nesse ponto se fará um recorte limitado por um período que vai desde a fundação do grupo de Klauss Vianna em 1959 até a criação do grupo Primeiro Ato em 1978, passando pela formação do grupo Corpo.

No ano em que Klauss e sua parceira, a bailarina Angel Vianna, criaram o Balé Klauss Vianna, em Belo Horizonte, a dança mineira deu um passo importante, que não teve volta. Klauss Vianna iniciou seus estudos de dança em Belo Horizonte, através das aulas de balé clássico com o professor Carlos Leite[25]. Coreógrafo de temperamento investigador e ousado, como professor Klauss ampliou os horizontes de todos os seus alunos. Trabalhava a partir da técnica de balé clássico, mas com uma abordagem inovadora, buscando realizar, através de códigos rígidos da dança clássica, um processo consciente, que respeitasse as condições anatômicas individuais, e propunha permanentemente um espaço de criação e descoberta[26]. Sua busca como pesquisador levou à frente o que foi considerado por muitos como o mais significativo trabalho sobre o corpo, e repercutiu não somente em Minas, mas em todo o Brasil. Mantendo a base da dança clássica, Vianna explorou texturas, sons, afetos, movimentos e sentimentos. Em um de seus espetáculos – *Caso do Vestido*, inspirado no poema homônimo de Carlos Drummond de Andrade – Vianna trabalhou com uma série de elementos, tais como um coro de vozes que narrava o poema, a não linearidade, que desobedecia à construção narrativa do poema, além do uso do espaço cênico, que extrapolava a caixa preta do teatro.

Após um período inicial em Belo Horizonte, Klauss continuou sua trajetória artística e pedagógica fora de Minas. Na Bahia, realizou uma parceria com o alemão Rolf Gelewsky. Trabalhou e influenciou toda uma geração de artistas no Rio de Janeiro, onde desenvolveu a sua própria técnica, que ficou conhecida como "expressão corporal". Ainda no Rio, Klauss começou a lidar com atores. Em sua primeira experiência de

---

25 Carlos Leite (1914-1995), natural de Porto Alegre, foi bailarino do Ballet da Juventude. Em uma excursão a Belo Horizonte, fixou-se na cidade, onde se tornou professor de balé clássico de renome e influência.

26 Vianna trabalhava os tradicionais exercícios do balé clássico na barra e no solo, mas de maneira não padronizada ou tradicional, aumentando ou reduzindo as amplitudes dos movimentos, conforme a necessidade de cada aluno.

coreografia para teatro, *A Ópera de Três Vinténs*, de Bertolt Brecht e Kurt Weill, uma transformação aconteceu em sua carreira. O intercâmbio entre as aulas de dança e as coreografias teatrais modificou sua maneira de trabalhar o corpo do intérprete para a cena, de modo que aquilo que antes era separado – de um lado a dança e de outro o teatro – começou a apontar para um amálgama entre as duas formas.

A esse respeito, Vianna afirmou que o trabalho com os atores transformava suas aulas com os bailarinos e vice-versa. O teatro, à noite, e a dança, de dia, eram constantemente contaminados e, ao fim, tudo se transformava em uma coisa só[27]. Após essa significativa experiência carioca, Klauss se fixou finalmente em São Paulo, onde, além de dirigir o Balé da Cidade de São Paulo (1981-1984), fundou sua escola e ficou até o fim de seus dias.

Embora para Klauss Minas tenha sido muito conservadora, a capital mineira, Belo Horizonte, vivia no inicio da década de 1970 uma época de efervescência criativa, cuja produção artística emergia de forma inovadora e anticonvencional[28]. Sendo assim, mesmo com a partida do casal Vianna, as sementes da sua dança já floresciam na cidade. De fato, uma de suas alunas, a bailarina Marilene Martins[29], criou em Belo Horizonte um grupo que viria a ser um divisor de águas na dança mineira, o Trans-Forma Grupo Experimental de Dança.

Criado em 1969, junto à Escola de Dança Moderna Marilene Martins, o Trans-Forma buscava uma nova dança, com uma linguagem que se aproximasse mais do corpo brasileiro e de seu gestual, além de uma movimentação livre que ajudasse a eliminar tensões e aprofundasse o autoconhecimento.

Nas pesquisas do grupo Trans-Forma, percebia-se como as fronteiras entre as linguagens cênicas eram tênues. A troca de experiências era constante, pois as pessoas que frequentavam as aulas vinham das mais diversas áreas: músicos, atores, artistas plásticos, estudantes universitários, além de bailarinos

---

27 K. Vianna, *A Dança*, p. 43.
28 G. Reis, *Cidade e Palco*, p. 25.
29 Marilene Martins teve um percurso que incluía, além das aulas com Vianna, uma passagem pela Universidade da Bahia, onde trabalhou com Gelewsky, e cursos na Europa e nos EUA.

em busca de profissionalização. Todos desejando realizar um trabalho de dança de forma consciente. Dentre os que passaram pelo Trans-Forma, muitos não continuaram na dança profissionalmente, alguns foram para o teatro, como as atrizes do Grupo Galpão de Teatro[30] Lydia del Picchia e Fernanda Viana. Mas outros não só avançaram na profissionalização de suas carreiras na dança, como coreografam e dirigem hoje suas próprias companhias. Esse é o caso de Dudude Hermann, que tem seu próprio centro de dança contemporânea, a Cia. Bem-Vinda; Rodrigo Pederneiras e seus irmãos, Pedro, Miriam, Mariza, José Luiz e Paulo, do grupo Corpo; e Suely Machado, que fez oficinas profissionalizantes na escola do Trans-Forma e dirige o grupo que norteia este estudo, o grupo de dança Primeiro Ato.

Assim como Dudude Hermann, bailarina que afirma ter sido fortemente influenciada pela sua experiência no Trans-Forma, Pedro Pederneiras reconhece a influência que o grupo exerceu em sua carreira:

> O Trans-Forma foi onde nossa história começou. Em 1971 fomos ver um espetáculo em que minha irmã Miriam estava dançando. No programa: *Suíte de Bach, Prelúdio de uma Menina Só, Square Dance, Polymorphia* e *Rhythmetron*. Foi contagiante! Nesse momento fomos despertados para o que era dança. Até então não existia dança moderna em Belo Horizonte.[31]

O coreógrafo do grupo Corpo, Rodrigo Pederneiras, também credita ao grupo Trans-Forma a origem do grupo mineiro. De fato, o pioneirismo do Trans-Forma foi marcante para todos os que passaram por lá. Com uma modernidade contundente, o grupo sedimentou as bases para que profissionais de dança emergissem na cena mineira e nacional, além de ter exercido importante influência na formação de público para essa nova estética de dança que experimentavam.

Desse modo, Minas foi cavando seu espaço, construindo seu fazer na dança. Uma espécie de "não estar-estando", uma vez que mesmo fora do eixo Rio-São Paulo, foi estabelecendo sua importância e demarcando sua presença – que é hoje inquestionável – na dança brasileira.

30 Não confundir com o Teatro da Dança, que funcionou na Sala Galpão.
31 P. Pederneiras, apud G. Reis, op. cit., p. 98.

O TEATRO SE LEVANTA DO SOFÁ

Meu Deus!... Será possível que nós, artistas do palco, estamos condenados pela materialidade de nossos corpos a exprimir eternamente um grosseiro realismo e nada mais? Será que estamos destinados a não ir mais longe do que os realistas foram na pintura, em seu tempo? Será que somos apenas precursores na arte cênica? E o balé e seus melhores expoentes, Taglioni, Pávlova, e outros?... Não há aí separação de materialidade do corpo? E os acrobatas que voam como pássaros de um trapézio a outro? Nunca se poderia crer que possuem um corpo. Isso significa que pode haver uma separação do corpo. Ela deve ser descoberta e desenvolvida...[32]

A reflexão sobre teatro nesse caso parte, de certa forma, das questões colocadas por Stanislávski no trecho acima. Em outras palavras, como é possível pensar sobre uma cena que deixa de ser apenas textocêntrica, e passa a se valer do corpo, da voz e do espaço cênico, produzindo ocorrências expressivas que vão muito além do que era usual, por exemplo, no século XVIII[33]? Como pensar sobre um teatro que, assim como a dança, não se pode amarrar em um único conceito, uma vez que materializa uma multiplicidade de fazeres cênicos? Para refletir sobre essas questões, será feito um recorte que envolve quatro criadores teatrais que colaboraram para a transformação do teatro no século XX. São eles: Constantin Stanislávski, Vsévolod Meierhold, Antonin Artaud e Jerzy Grotowski.

O objetivo aqui, ao tratar desses criadores, é apresentar possíveis precursores que exerceram, de maneira direta ou indireta, influências significativas na relação entre a dança e o teatro na contemporaneidade. De fato, todos eles são artistas que fazem parte da história do teatro e que buscaram, em níveis diferentes, uma exploração do corpo e em alguns casos, um diálogo com a dança, ultrapassando assim barreiras e borrando as fronteiras entre essas linguagens. Esse diálogo pode ser claramente percebido em muitos trabalhos de dança, de teatro e em pesquisas cênicas contemporâneas.

---

32 C. Stanislíviski, apud J. Guinsburg, *Stanislávski, Meierhold & Cia.*, p. 21.
33 Refiro-me ao teatro burguês surgido no século XVIII na França e a suas implicações, tais como a individualização e psicologização das personagens e a referencialização das tramas. Ver M. Berthold, *História Mundial do Teatro*.

No início do século xx, em meio a uma revolução cultural que ocorria tanto na Europa Ocidental quanto na Rússia, o ator e diretor teatral Constantin Stanislávski demonstrava uma grande insatisfação, um questionamento a respeito de seu fazer artístico e do papel do teatro nessa nova época. No início desse século, muitas experimentações artísticas emergiram nas mais diversas formas de arte, e para Stanislávski, esse era o momento de partir para novas linguagens cênicas, através de uma direção que respondesse melhor às exigências de seu tempo.

Ainda no século xix, Stanislávski já percebia que o teatro necessitava de transformações. Segundo Bonfitto, muito cedo em sua carreira teatral, este diretor constatou "que o trabalho do ator consistia na simples repetição de procedimentos e códigos que caracterizavam as personagens e as situações"[34]. Em busca de um caminho mais expressivo e orgânico de interpretação, o diretor russo chegou ao método que ficou conhecido como o Método das Ações Físicas. Em sua extensa e contínua pesquisa teatral, Stanislávski estabeleceu parâmetros de atuação e referências práticas e teóricas, que ainda nos dias de hoje têm seu espaço e reconhecimento.

Em seu livro *A Construção da Personagem*, o diretor russo dedica uma grande atenção para o trabalho corporal do ator. No quarto capítulo, intitulado "Tornar Expressivo o Corpo", Stanislávski aponta a importância de um treinamento de dança e suas vantagens para o ator. Ele sugere, inclusive, o balé clássico como excelente técnica para desenvolver a plasticidade e expressividade do corpo. Ao mesmo tempo, entretanto, o diretor reforça o cuidado que se deve ter para que, ao se apropriar da dança clássica, o ator não corra o risco de cair em um artificialismo e sentimentalismo frequentemente encontrados na técnica.

Para Meierhold, o outro russo referido no início dessa seção, o trabalho corporal do ator também teve uma importância substancial. Dono de um vasto repertório teatral, que inclui atuações, encenações, reflexões e registros de sua obra, Meierhold construiu um extenso e profícuo percurso. Desde as suas primeiras experiências, ainda em parceria com Stanislávski

[34] *O Ator-Compositor*, p. 22.

no Teatro-Estúdio, empreendimento que buscava uma atuação através de um laboratório teatral para atores com alguma experiência prévia, Meierhold sentia a necessidade urgente de transformação. Para o diretor, a principal questão era buscar novas formas e técnicas teatrais que estivessem em sintonia com a dramaturgia simbolista que emergia. Ainda que a experiência com o Teatro-Estúdio tenha tido um fim prematuro, em função principalmente dos desacordos entre seus mentores, Stanislávski e Meierhold, para este último essa experiência foi deflagradora de um processo que viria emergir num futuro próximo: "O fracasso do Estúdio foi minha salvação, porque não era isso, de maneira alguma, o que eu queria. Somente agora me dou conta que a morte do Estúdio foi uma sorte [...]"[35].

Para Guinsburg, a trajetória de Meierhold como diretor pode ser definida, *grosso modo*, em quatro fases principais que se interpenetram e se desdobram: Simbolista, Esteticista, Construtivista e Sintética. Todas essas etapas foram nutridas por um sentimento de experimentação muito forte e, em todas as fases, o desenho de movimentos ocupou um lugar central em seu trabalho com o ator. Ainda, como evidencia Bonfitto: "Com o desenvolvimento de seu trabalho sobre as *matrizes*, sobre a pré-interpretação, sobre o grotesco e a biomecânica, Meierhold, assim como Stanislávski com seu sistema, gerou e antecipou muitas das pesquisas teatrais feitas posteriormente"[36].

Os *études* de Meierhold persistiram ao passar dos anos, e são trabalhados por muitos diretores nos dias de hoje como pequenas coreografias ou partituras psicofísicas que pretendem explorar o domínio corporal, assim como o espiritual e o aparato perceptivo do ator. Esses estudos de biomecânica funcionam, de certa forma, como as escalas para um pianista ou como os exercícios da barra na aula de balé clássico. São exercícios que não são vistos em cena, mas que constroem uma base para o que, de fato, será levado ao palco.

O teatro do francês Antonin Artaud é permeado por símbolos e metáforas. Para Artaud, a palavra, o gesto, e a respiração são as chaves fundamentais que abrem as portas de uma encenação "real". Em vista desse paradoxo, a partir do qual se

---
35 V. Meierhold, apud J. Guinsburg, op. cit., p. 31.
36 Op. cit., p. 48.

pretende atingir uma encenação autêntica, Artaud elaborou uma densa reflexão. Sob a influência dos teatros orientais, do balinês em particular, o diretor não reconhece uma hierarquia entre os diversos elementos da cena. A palavra, por exemplo, não deve ser submetida ao texto dramático, assim como o gesto não deve, por sua vez, ilustrar a palavra. O diretor buscava uma pantomima direta, na qual os gestos, em vez de representarem palavras ou frases, representariam ideias, sentimentos, aspectos da natureza.

> O teatro devolve-nos os nossos conflitos dormentes com todas suas potências e dá a estas potências nomes que aclamamos como símbolos; e eis que, ante os nossos olhos, se trava uma batalha de símbolos, a enfrentarem-se entre si, numa impossível contenda. E só pode haver teatro desde momento que principie de facto e que a poesia, que acontece no palco, sustente e leve ao rubro os símbolos tornados reais[37].

A respiração, questão fundamental para Artaud, produz uma conexão entre as ações; é a ligação entre o mundo interno e o externo do ator, e que acontece em harmonia com o movimento.

Em seu mais célebre escrito, *O Teatro e o Seu Duplo*, o artista francês mostra uma paixão febril pelo teatro, em um texto rico em metáforas e analogias. De diferentes maneiras, o texto de Artaud se relaciona com os textos de outros importantes autores como os de Stanislávski ou de Peter Brook, por exemplo. Contudo, se nos textos de Stanislávski e Brook o que se pode ler é o resultado de experiências com o teatro, em Artaud o que se percebe é uma prosa apaixonada que descreve um teatro em devir.

> Por que razão é que no teatro, pelo menos no teatro como o conhecemos na Europa, ou melhor, no Ocidente, tudo que é especificamente teatral, ou seja, tudo o que não pode ser expresso pela fala, pelas palavras, ou se preferem, tudo o que não está contido no diálogo (e até no próprio diálogo considerando em função de suas possibilidades de ser "som" no palco, em função das *exigências* desta sonoridade) é relegado para o segundo plano? Como é possível, para mais, que o teatro ocidental (digo ocidental porque há felizmente outros, tal como o teatro oriental, que mantiveram uma noção incorrupta do teatro, enquanto

---

[37] A. Artaud, *O Teatro e o Seu Duplo*, p. 28.

que no Ocidente esta noção – tal como tudo o mais – foi prostituída), como é possível que o teatro ocidental não encare o teatro sob nenhum outro prisma a não ser o de um teatro do diálogo?[38]

Ao tratar de aspectos corporais, Artaud antecipa um teatro que muito se aproxima da dança contemporânea e de linguagens híbridas atuais, mas que ainda hoje existe sob um olhar muitas vezes suspeito de sua legitimidade cênica:

E tenho, para a mais nítida consciência de que a linguagem do gesto e a das posições, da dança e da música, é incapaz de analisar um personagem, de revelar os pensamentos duma pessoa, ou de elucidar estados de consciência, com clareza e a precisão da linguagem verbal; mas quem é que disse que o teatro foi criado para analisar personagens, para resolver conflitos do amor e do dever, para lutar com todos os problemas da natureza tópica atual e psicológica que monopolizam os palcos contemporâneos?[39]

Assim como as influências do trabalho de Artaud no que diz respeito ao tema deste livro, se examinará agora, brevemente, o trabalho de outro criador teatral, o polonês Jerzy Grotowski.

Em seu prefácio para *Em Busca de um Teatro Pobre*, Brook iniciou seu texto com a seguinte afirmação: "Grotowski é único."[40] E continuou explicando que para ele ninguém no mundo desde Stanislávski investigou a natureza da representação teatral de forma tão profunda quanto o diretor polonês.

O diretor do Teatro-Laboratório de Wroclaw, na Polônia, não foi somente discípulo de Stanislávski. Além de estudar os principais métodos de treinamento europeus, como os exercícios de ritmo de Dullin, a pesquisa de Delsarte e o treinamento biomecânico de Meierhold, Grotowski buscou no kathakali indiano, na Ópera de Pequim e no teatro nô japonês fundamentos para o seu próprio treinamento. Com respeito a essa questão, é importante ressaltar que não se pode definir em um único método a vasta pesquisa de Grotowski, visto que o próprio pesquisador ia se transformando e se modificando a cada novo trabalho que realizava.

38 Ibidem, p. 36.
39 Ibidem, p. 40.
40 Em J. Grotowski, *Em Busca de um Teatro Pobre*, p. 2.

Grotowski não buscou criar um teatro "rico", cumulativo de diversas técnicas. Muito pelo contrário, sua busca era de um teatro "simples", despido ao máximo de artefatos supérfluos. Para ele, o figurino, a música, a maquiagem, o cenário, a luz, até mesmo o texto, embora úteis, eram perfeitamente dispensáveis para a criação teatral. Na construção de seu "Teatro Pobre", apenas dois elementos seriam indispensáveis: o ator e o público.

Nas diversas linguagens que Grotowski estudou, a procura era fundamentalmente de buscar explorar um método de atuação não mecânico, vivo. O diretor polonês, sem negar as suas influências, estabeleceu uma via particular, que pressupõe uma inversão que privilegie, em lugar da assimilação, a quebra de resistências:

> Não educamos um ator, em nosso teatro, ensinando-lhe alguma coisa: tentamos eliminar a resistência de seu organismo a este processo psíquico. O resultado é a eliminação do lapso de tempo entre o impulso interior e a reação exterior, de modo que o impulso se torna já uma reação exterior. [...] Nosso caminho é uma *via negativa*, não uma coleção de técnicas, e sim erradicação de bloqueios.[41]

Através de um método detalhado, onde o esforço físico era intenso, com influências variadas, como a *hatha yoga*, os teatros orientais, o circo, o canto, entre outras, Grotowski trabalhava seus atores inicialmente de forma coletiva, mas também individualmente. A colaboração entre o encenador e seus atores também se dava de forma individualizada na criação de partituras cênicas. É importante notar que, para Grotowski, o conceito de partitura era fundamental em seu processo criativo. Diferentemente da partitura do músico, que é feita a partir de notas musicais, a partitura do ator deve ser constituída de elementos de contato humano, como "dar e tomar". E o processo de repetição dessa partitura nunca será igual ao anterior, visto que é pessoal e íntimo, alimentado por suas próprias experiências e pensamentos.

Para tentar definir a identidade de seu trabalho, tarefa difícil ao levar-se em consideração o fato de Grotowski estar constantemente renovando seu próprio trabalho a partir de

---

41 J. Grotowski, op. cit., p. 3.

experiências contínuas com seu elenco, o criador polonês acrescenta:

> Fico impaciente quando me perguntam: "Qual a origem de seu teatro experimental?" Tenho a impressão de que o "experimental" significa um trabalho tangencial (brincando com uma nova técnica em cada ensaio) e tributário. Supõe-se que o resultado seja uma contribuição para o espetáculo moderno: a cenografia usando esculturas atuais ou ideias eletrônicas, música contemporânea, atores projetando independentemente estereótipos de circo ou de cabaré. Conheço bem a coisa: já fiz parte disso. Nosso Teatro-Laboratório caminha numa outra direção. Em primeiro lugar tentamos evitar o ecletismo, resistir ao pensamento de que o teatro é uma combinação de matérias. Estamos tentando definir o que significa o teatro distintamente, o que separa esta atividade das outras categorias de espetáculo. Em segundo lugar, nossas produções são investigações do relacionamento entre o ator e a plateia. Isto é, *consideramos a técnica cênica e pessoal do ator como a essência da arte teatral*.[42]

A partir dos aspectos apontados nessa seção, é possível reconhecer nesses criadores teatrais uma abertura para explorações do corpo em diferentes níveis; explorações essas que permitiram mais tarde um diálogo profícuo entre o teatro e a dança. Como mencionado, Stanislávski, ao elaborar o seu Método das Ações Físicas, reconhece a dança como uma componente importante do treinamento do ator. Mas o aspecto importante que cabe ressaltar aqui é que através desse método o conceito de partitura física ou partitura de ações físicas surgiu de maneira clara, na medida em que era proposto como um procedimento de trabalho do ator. A partitura nesse caso, diferente da marcação cênica, tem como objetivo funcionar como "gatilho psicofísico", que revela uma relação intrínseca entre processos interiores e exteriores. Meierhold, por meio de sua elaboração do desenho de movimentos e da criação de seus *études*, abre caminho, por sua vez, para uma investigação do corpo como fonte de estímulos que vai além dos objetivos psicologizantes. Ou seja, através desses procedimentos, Meierhold busca estimular uma inteligência, um pensamento que parte do corpo. Artaud e Grotowski, independentemente de suas diferenças e especificidades, buscavam no trabalho do

---

42 Ibidem, p. 1.

ator um corpo revelador de segredos desconhecidos, de qualidades expressivas que podem vir à tona somente através de uma exploração precisa e constante.

Corpo, respiração, movimento, mais do que substantivos, representam conceitos cujos significados foram frequentemente destrinchados e explorados pelos diretores mencionados. Cada um com o seu olhar, que às vezes se cruzaram, caminharam paralelos ou divergiram completamente, mas unânimes na certeza da importância de um ator inteiro, no sentido de um intérprete que se vale de seu potencial psicofísico e amplia as possibilidades expressivas de seu instrumento vital de trabalho: o seu corpo. Através do trabalho desenvolvido por esses criadores, o teatro passou a ser uma forma de arte que, graças à centralidade do corpo, pode revelar o humano em sua dimensão inusitada, com a inquietude de quem não quer permanecer confortável e passivamente em seu sofá.

O AMÁLGAMA

A conexão entre a dança e o teatro não é uma novidade ou um privilégio da arte contemporânea. Voltando no tempo é possível verificar que, de fato, há séculos, como aponta Noverre[43] em seu célebre livro *Cartas Sobre a Dança* (1760), e até mesmo antes dele[44], existe a busca de coreógrafos e de intérpretes por viabilizar uma dança que veiculasse significados e que se opusesse ao puro mecanicismo de passos. Como aponta Michèle Febvre:

> Toda dança ocidental é percorrida através do duo/dueto entre a virtuosidade e a expressividade, entre a dança "pura" e a dança "teatral". Dois polos, ou duas tentações, em torno das quais, desde o século XVII pelo menos, a dança se articulou, acentuando uma ou outra dimensão dependendo da época e dos criadores.[45]

---

43 Jean-George Noverre (1727-1810), bailarino, professor e coreógrafo do período pré-romântico no balé, criador das teorias do *ballet d'action*, autor de *Cartas Sobre a Dança*, legado de considerável contribuição para a emancipação da dança.
44 Um século antes das publicações de Noverre, o padre jesuíta Ménestrer já concebia o balé de corte como um "balé de ação" (M. Monteiro, *Noverre*, p. 41 e M. Febvre, *Danse contemporaine et théâtralité*, p. 13).
45 Op. cit., p.13.

O teatro, por sua vez, revelando um caminho inverso, buscou dizer com o corpo aquilo que não podia ser dito com as palavras. Rompeu com a supremacia do texto que predominou durante séculos e virou tridimensional.

Nesse sentido, o "todo" ao qual se refere este estudo é aquele que emerge da relação entre a dança e o teatro, transformando-os em uma estética que pode ser chamada de dança-teatro. Mas dança-teatro é apenas uma das diversas terminologias que esse amálgama pode gerar. Em Laban, como veremos a seguir, o termo *Tanztheater* é traduzido como dança teatral; Mary Wigman utilizava *das Tanztheater* – o teatro da dança; Kurt Jooss tratou do duplo sentido de dança-teatro/teatro-dança: "numa exposição sobre os termos *Theatertanz* e *Tanztheater* (Dança para o teatro/Teatro de dança), em que define o primeiro termo como a reunião de todas as forças artísticas ligadas a um teatro, ao passo que o segundo determinaria o que se chama de 'grupos livres de dança'"[46].

Sendo assim, independentemente de como se decida nomear o processo artístico ou o seu resultado – dança teatral, teatro coreográfico, dança para o teatro, teatro de dança, dança cênica, teatro dançado etc. – e seja qual for o caminho que se decida traçar para entender as origens históricas dessa estética, sempre voltaremos a dois precursores alemães que na segunda década do século XX realizaram estudos e experiências em torno desse tema: Rudolf Laban e Kurt Jooss.

Primeiras Experiências, Laban, Jooss e Wigman

A importância do sistema desenvolvido há mais de sessenta anos por Rudolf Laban[47] faz com que seja necessário um olhar mais atento para esse influente artista e pesquisador. Em suas pesquisas, Laban priorizou a relação triádica entre o corpo, a

---

46 L.M.M. Sanchez, *A Dramaturgia da Memória no Teatro-Dança*, p. 7.
47 A Conferência Internacional Laban 2008: Artes Cênicas e Novos Territórios, promovida pela Laban/Bartenieff Institute of Movement Studies (LIMS/NY), que aconteceu no Centro Coreográfico do Rio de Janeiro, reuniu cerca de quinhentas pessoas, entre bailarinos, atores, estudantes e pesquisadores, para celebrar o trigésimo aniversário do instituto americano e refletir sobre as aplicações e desdobramentos do sistema Laban nas artes cênicas hoje.

alma e a mente: "existe uma relação quase matemática entre a motivação interior, para o movimento, e as funções do corpo [...]"[48]. De fato, influxos da matemática são evidentes nos escritos deixados pelo artista. A geometria contida em seu trabalho é funcional e acontece de forma prática e teórica, como na kinesfera (ou cinesfera): um corpo geométrico de estrutura tridimensional, uma espécie de gaiola vazada, em cujo centro o bailarino (ou não bailarino) pode traçar qualquer movimento em infinitas linhas para todas as direções.

Laban se descrevia como um poeta da dança, ele não via o movimento como um instrumento para educação *a priori*. Os princípios do sistema labaniano descreviam a Arte do Movimento como um fim por si só. Nesse sentido, o amálgama presente no trabalho de Laban foi muito além das fronteiras artísticas: em sua ampla pesquisa ele desenvolveu e sistematizou um pensamento complexo, que influenciou gerações futuras da dança, do teatro, da terapia e da educação.

Na arte, especificamente, Laban não aceitava o vazio existente nos espetáculos de teatro e de dança de sua época. Sendo assim, ele trouxe para seu trabalho o resultado das próprias paixões, lutas interiores e sociais. Consciente da união corpo-mente, representada por personagens simbólicas ou estados de espírito, Laban buscava viver através do movimento uma experiência existencial genuína.

Em contraste com a imagem popularmente difundida, seu trabalho era mais fortemente voltado para a dança do que para a educação, apesar de ter sido amplamente adotado como instrumento pedagógico, principalmente nas escolas do Reino Unido, onde viveu e trabalhou por muitos anos até o fim de sua vida, em 1958. Segundo John Foster, "seu trabalho se apoia em cinco ideias fundamentais, as quais não podem ser traduzidas como 'educacionais'"[49]. São elas:

i. Dança como um poder divino
ii. *The Reigen* ou dança circular
iii. Unidade e êxtase
iv. O Cristal

---

48 *Domínio do Movimento*, p. 9.
49 *The Influences of Rudolf Laban*, p. 39.

v. Harmonia

Para Laban, a dança agia, de fato, como um poder divino, que buscava a unidade e o êxtase em prol de uma harmonia compartilhada. Através de danças circulares ou de enormes grupos de dançarinos e não dançarinos nas famosas danças corais, o movimento do grupo somava à dança individual de cada participante, e nesses encontros coreográficos todos os itens acima mencionados eram ativados. Se Noverre preconizava a transgressão das regras da dança clássica, recomendando que delas nos afastássemos constantemente, Laban não as rejeitava, embora, como o artista francês, ele também se afastasse das regras convencionais para poder se reaproximar do balé clássico com uma nova leitura. A essência de seu trabalho encontra-se no conceito da polaridade:

> Equilíbrio estável e instável;
> Movimentos contrários de partes do corpo: simetria e assimetria;
> Orientação periférica e central;
> Alargar e encolher;
> Recorrência e liberdade rítmica;
> Relacionalidade e resultados de relações;
> Conceitos internos e externos. Todos os movimentos têm uma ação complementar.[50]

O método de Laban foi utilizado para a organização do trabalho, como reforço ao taylorismo, o que o levou a complementá-lo: seu livro *Effort* aplica-se mais a notação dos gestos e trabalhos manuais. A partir de seu sistema de notação, assim como da observação e da descrição de movimentos, foi desenvolvida a Labanálise ou Análise de Movimento Laban, "combinação da anotação de Laban (*labanotation* ou kinetografia) com a Análise de Movimento, a *eukinética/effort* e a *corêutica/shape*"[51].

No processo de fusão entre as duas linguagens, dança e teatro, Laban foi uma peça fundamental, em função de seus estudos e de seu legado, que envolveram tanto a prática quanto a teoria. Como ocorre com os grandes mestres, ele formou

---

50 Ibidem, p. 41.
51 L. Rengel, *Dicionário Laban*, p. 80.

excelentes alunos, e dentre os que mais se destacaram têm-se Kurt Jooss e Mary Wigman. Eles trabalharam em colaboração com Laban, expandindo seus estudos e desenvolvendo seus próprios vocabulários artísticos, abrindo caminho para manifestações presentes na cena contemporânea.

Ao iniciar seus estudos com Laban em Sttutgart, em 1920, Kurt Jooss já trazia em sua bagagem uma carreira musical proveniente do Conservatório de Sttutgart, além de uma trajetória teatral. A colaboração com Laban, no entanto, foi decisiva para que Jooss voltasse sua atenção para a dança, embora assim como seu mestre, não fosse favorável à compartimentação das artes cênicas: "Jooss diz que está buscando 'a síntese de uma nova gramática com capacidade de expressar plenamente todos os aspectos da arte dramática'"[52].

Como coreógrafo, Jooss abordava temas sociopolíticos, enquanto fundia a dança clássica à dança expressionista e ao teatro. De fato, Jooss se via mais como um autor de teatro do que como um coreógrafo. Para ele, o fundamental era transpor em movimento e em emoções a dramaturgia de um libreto[53].

Com a sua mais famosa obra – *A Mesa Verde* – de 1932, Jooss atingiu a celebridade. O trabalho fortemente teatral é uma "calorosa condenação da guerra"[54]. Tem início e fim com uma cena de diplomatas, grotescos e mascarados, em volta de uma mesa, discutindo entre si de forma suntuosa e cômica, acompanhados por um tango suave. A peça já teve várias remontagens, tanto de companhias de dança quanto de grupos de teatro, o que evidencia o trânsito que sua obra tinha entre as duas linguagens.

Assim como Jooss, Mary Wigman foi uma discípula de Laban que, após frequentar classes com o mestre, traçou um percurso próprio. A importância de Wigman para a dança moderna alemã equivale à de Martha Graham para a norte-americana. Assim como Graham, Wigman propunha uma dança fortemente dramática, com movimentação que partia do tronco do bailarino. No entanto, se Graham defendia uma

---

52 L.M.M. Sanchez, op. cit., p. 21.
53 Libreto – do italiano *libretto* – é o texto usado em uma peça musical do tipo ópera, opereta, musical, oratório e cantata.
54 S. Au, *Ballet and Modern Dance*, p. 100.

técnica rígida proveniente de uma metodologia claramente definida, embasada no que chamava de *contract-release*, para Wigman "formar o dançarino é [...] torná-lo consciente dos impulsos obscuros que estão dentro dele. Nada de sistemas preestabelecidos, menos ainda adestramento corporal"[55].

Wigman estudou em Hellerau, na Alemanha, onde a inspiração do movimento lhe parecia "abafada pela pedagogia dalcroziana"[56]. De Hellerau, Wigman foi para Ascona, na Suíça, onde iniciou seus estudos com Laban, permanecendo lá de 1913 até 1919[57]. Segundo Bourcier, já em 1913, sob a tutela de Laban, Wigman coreografou sua primeira grande dança: *Hexentanz* (A Dança da Feiticeira). Nesse famoso trabalho, a bailarina alemã vestia uma máscara que ela descreveu como a tradução demoníaca de seus próprios medos[58]. O figurino, embora deixasse seus ombros nus, vestia seu corpo como uma espécie de máscara corporal. Durante a primeira versão (a coreografia teve outras versões subsequentes) Wigman permanecia sentada durante toda a *performance*. Se a bailarina romântica voava com seus tules e suas sapatilhas de pontas, e Isadora planava com seus lenços, Wigman, através de seus gestos grotescos e febris, aprofundava-se no subterrâneo de suas emoções.

No pós-guerra, Wigman viajou pela Alemanha fazendo apresentações que geravam recepções controversas do público, ora sendo vaiada, ora aclamada. Após essa fase, a coreógrafa fixou residência em Dresden, onde abriu uma escola e formou diversos discípulos. Sua companhia fez sucesso não somente em sua terra natal, mas viajou várias vezes aos Estados Unidos, onde foi prontamente reconhecida e celebrada. Hanya Holm, uma de suas melhores discípulas, abriu em 1931 uma espécie de filial da escola alemã em Nova York, o que levou definitivamente a dança germânica para a América do Norte. De lá saíram grandes nomes da dança moderna norte-americana, como Alwin Nikolais, Susan Buirge e Carolyn Carlson.

---

55 P. Bourcier, op. cit., p. 299.
56 Ibidem, p. 297.
57 Data essa citada por Bourcier, op. cit., p. 297; Au, no entanto, cita 1910 como o ano em que Wigman iniciou seus estudos com Laban (op. cit, p. 98).
58 S. Au, op. cit., p. 98.

Se Laban, Jooss e Wigman, cada um a sua maneira, caminhavam muito próximos das experimentações teatrais da época, outra alemã, Pina Bausch, mais do que se aproximar do teatro, se apropriou dele: fundiu-o com a sua dança, de forma a dar visibilidade internacional ao que ficou conhecido como a "dança-teatro de Pina Bausch".

Pina Bausch e o Tanztheater Wuppertal

> *A dança deve ter outra razão além da simples técnica e perícia. A técnica é importante, mas é só um fundamento. Certas coisas podem se dizer com palavras, e outras, com movimentos.*[59]

A importância de Pina Bausch e o trabalho por ela desenvolvido no Tanztheater Wuppertal são medulares para esta obra, que reflete a teatralidade no trabalho do grupo Primeiro Ato. Na bibliografia existente em língua portuguesa e disponível no Brasil, os autores são unânimes quando relacionam a obra de Pina Bausch à dança-teatro. Para eles, o formalismo concentrou-se nas escolas e companhias americanas, e a pesquisa da linguagem desenvolveu-se mais sugestivamente na Europa, onde a dança aproximou-se do teatro e vice-versa. Esse encontro provocou o que aqui é proposto como um amálgama. Mais do que a soma do teatro com a dança, uma terceira possibilidade, uma estética que se convencionou chamar de dança-teatro. Outro ponto em comum nitidamente percebido nas obras que estudam Bausch e sua arte é a influência que a bailarina recebeu de seu professor Kurt Jooss, assim como do dramaturgo alemão Bertolt Brecht.

Philippine Bausch (Pina) nasceu na Alemanha em 1940, estudou balé clássico até os quinze anos de idade, quando ingressou na escola de Kurt Jooss, a Folkwang Hochschule, em Essen, onde foi aluna, bailarina, solista e coreógrafa de sua companhia. Para Pina, o mais fascinante da escola de Joss era a multiplicidade de linguagens oferecidas sob o mesmo teto: lá os alunos eram expostos a aulas de música, teatro, ópera, fotografia e escultura,

---

59 P. Bausch, apud C. Fernandes, *Pina Bausch e o Wuppertal Dança-Teatro*, p. 78.

além das técnicas de dança clássica, moderna e folclórica. A noção de espaço, componente marcante na obra da coreógrafa alemã, também foi aguçada em Essen.[60]

Além da vasta experiência com Jooss, em que a fusão entre as linguagens já era uma realidade, Bausch teve a oportunidade, através de uma bolsa de estudos, de viajar e dançar nos Estados Unidos. Em Nova York, Bausch estudou na Julliard School como aluna especial e lá tornou-se bailarina do Metropolitan Opera, quando este era dirigido pelo coreógrafo inglês Anthony Tudor. Foi durante esse período também que Bausch se familiarizou com a dança moderna norte-americana.

Em 1973, já de volta a sua terra natal e dona de um prestígio crescente, Pina Bausch foi convidada para dirigir a companhia de dança da Ópera de Wuppertal, onde fundou o Tanztheater Wuppertal, que se mantém até os dias de hoje, mesmo após a sua morte. O início em Wuppertal não foi fácil, em função de suas ideias nem um pouco convencionais para uma companhia que até então era acostumada a dançar adaptações de balés de repertório. Pina causou grande estranhamento e rejeição, tanto no público como nos próprios bailarinos.

Se o seu início não foi fácil, não foi tampouco motivo de desistência. A dança-teatro de Bausch nasceu com todo seu arroubo e em pouco tempo ampliou o repertório e revolucionou a dança cênica moderna. Bausch, em seu "teatro da experiência", segundo o crítico Norbert Servos, se abstinha de juízo de valor, e dava ao público o poder de tirar suas próprias conclusões: "através de recursos de confrontação direta, [ela] constrói uma realidade comunicada de uma forma estética, tangível como uma realidade física"[61].

Sem dúvida, a relação da obra de Bausch com o público tem uma natureza bastante singular. Em suas peças, que têm duração de três a quatro horas, o público tem espaço para vivenciar um amplo leque de experiências. Ora o público ri, ora chora, se entedia e se emociona, alguns odeiam seus trabalhos, outros a idolatram. A relação com o palco também tem sua singularidade no teatro de Bausch: seus espetáculos costumam acontecer em grandes teatros, em palcos italianos, mas o

---

60 P. Bausch, apud F. Cypriano, *Pina Bausch*, p. 24.
61 N. Servos, apud F. Cypriano, op. cit., p. 28.

formato do palco não é, de maneira alguma, um elemento de restrição em suas peças, uma vez que os atores-bailarinos de sua companhia alargam o espaço do palco, valendo-se das entradas laterais, dos corredores, de balcões e da plateia.

O elenco que costuma compor a sua companhia é normalmente constituído por bailarinos mais maduros, em torno de trinta a quarenta anos, e provenientes de diversas nacionalidades, característica também presente em várias companhias de teatro, como o Théâtre de Soleil, dirigido por Arianne Mnouchkine, e o grupo de atores do Centro Internacional de Criações Teatrais (CICT), dirigido por Peter Brook. O treinamento desses bailarinos, que também são atores, é fundamentado na técnica da dança clássica. O balé, para Pina, funciona de certo modo como os estudos de biomecânica para Meierhold. Os passos podem não ser vistos no palco, mas a técnica da dança clássica esta lá dando suporte para todos os seus bailarinos. Sendo assim, Bausch não se vale apenas do vocabulário do balé ou da dança moderna. Ao contrário, o que se vê em suas obras frequentemente são gestos cotidianos, que são muitas vezes dilatados e esgotados através de um processo de repetições.

É nessa cena, cujas fronteiras entre o teatro e a dança se misturam como a espuma do mar na areia da praia, que a obra de Bausch se afirma como um trabalho genuíno e desbravador, cujas relações com o trabalho do Primeiro Ato serão investigadas mais detalhadamente no próximo capítulo deste livro.

Desdobramentos Contemporâneos, Corpos Híbridos

Analisando as referências citadas, percebe-se o modo como as conexões entre a dança e o teatro foram sendo construídas, promovendo uma espécie de fertilização cruzada, na qual o corpo do teatro se impregna de referências da dança e vice-versa. Nesse sentido, não é de se estranhar, embora muitos ainda o façam, a permeabidade das fronteiras que separam essas duas formas de arte. No caso do teatro contemporâneo, o que fica evidente é a reapropriação do corpo, assim como a relativização do uso da palavra, uma vez que se percebe como os discursos não são mais exclusivamente falados. O teatro não somente se levanta do sofá, mas sobe pelas paredes e rola pelo chão. Já a dança, por outro lado, se apropria de uma dramaturgia corporal que pode se valer do movimento de maneira tal que vai muito além dos passos coreografados. O movimento acontece nos e através dos órgãos, na garganta, na voz, na pausa, no silêncio... No entanto, é importante ressaltar que, se existe uma fértil contaminação recíproca, as duas formas de arte não deixam de manter suas características, ainda que extremamente diversificadas, e seus sistemas independentes e autônomos.

Assim, através de grupos, companhias ou coletivos, seja de dança, teatro, dança-teatro, teatro-físico etc., o que se observa hoje é fruto de experiências passadas que abriram terreno para novas configurações na cena das "artes vivas".

Se existe uma confusão a respeito dos limites e dos territórios que as artes cênicas ocupam na cena contemporânea, essa é uma dúvida legítima, visto que se sabe que não é o uso da palavra que faz a dança se tornar teatro, tampouco é o movimento o agente transformador do teatro em dança. Mais do que isso, percebe-se que a palavra não é instrumento suficiente nem mesmo para configurar o ato em teatro, assim como o movimento não é o único viés determinante para produzir dança. Mas a despeito das dúvidas e inquietações, pode-se afirmar que, se existe um ponto de convergência para todas as experiências que acontecem na cena contemporânea, esse ponto é o corpo. Corpo esse que pode ser do bailarino, do ator, do bailarino-ator etc. Um corpo que pode ser definido como híbrido[62], visto que emerge do cruzamento entre técnicas distintas. Segundo Laurence Louppe, "a hibridação é, hoje em dia, o destino do corpo que dança, um resultado tanto das exigências da criação coreográfica como da elaboração de sua própria formação"[63]. No entanto, como aponta Fernandes, o cruzamento de material

---

62 O termo "híbrido" tem origem do latim *hibrida*, que significa "híbrido, bastardo, de sangue misturado", de acordo com o *Dicionário Houaiss*. Na ciência, é considerado híbrido o cruzamento de dois organismos diversos, anomalamente reunidos, para originar um terceiro elemento que pode ter a característica dos dois primeiros, reforçadas ou reduzidas. O dicionário ainda apresenta outras acepções: "palavra formada por elementos tomados de línguas diferentes [...] ou o que é composto de elementos diferentes, heteróclitos, disparatados".

63 Corpos Híbridos, *Lições de Dança*, n. 2, p. 27.

genético, que é diluído e se torna invisível, acaba por exibir no palco "várias lógicas em movimento"[64], o que vem a reforçar as fronteiras borradas entre as diversas técnicas, que não somente a dança e o teatro, mas também a performance, o circo, o vídeo e a mímica, entre outras.

Na arte, o corpo híbrido, que atua na dança assim como no teatro, pode ser caracterizado, paradoxalmente, como um corpo que, justamente por sua "diversidade genética", é fértil e está em constante transformação, esse corpo, que é não somente a referência ou o resultado, mas o ponto de partida da experimentação cênica, que não se torna indefinido por sua multiplicidade, mas é sim definido e redefinido constantemente e de diversas maneiras, não como um corpo mestiço, mas como um "corpo eclético"[65] ou híbrido. Nesse ponto, é importante mencionar a diferença entre a hibridação e a mestiçagem, para a pesquisadora francesa:

a ideia de hibridação é muito mais perturbadora que a de mestiçagem. Nesta última, a mistura de sangue e de raças engendra sujeitos mistos, não modificados em sua estrutura, mas enriquecidos pela sua acumulação de diferentes heranças genéticas ou culturais [...] O híbrido escapa dessa tagarelice intercomunitária ou interminoritária, entre sexos e raças, não se situando em lugar nenhum – ele não é nada.[66]

É esse corpo, que não se situa em lugar nenhum ou, ainda, que se situa em um não-lugar, visto que explora de forma transitória espaços – assim como técnicas – que compõe a vasta gama daquilo que se pode chamar de dança contemporânea. O grupo Primeiro Ato se encontra em um lugar não transitório, mas simbólico e constitutivo. Dentre os conceitos que podem direcionar para esse lugar, está o de teatralidade ou, como define Sílvia Fernandes, as teatralidades, visto que para a pesquisadora brasileira, este é um termo polissêmico, e embora tenha se revelado um instrumento eficiente de operação teórica do teatro, "especialmente por levar em conta a proliferação de caráter eminentemente cênico que manejam"[67], pode,

---

64 *Teatralidades Contemporâneas*, p. 7.
65 Dena David (1993) utiliza o termo "corpo eclético" como um sinônimo do corpo híbrido.
66 L. Louppe, op. cit., p. 30.
67 S. Fernandes, op. cit., p. 113.

perfeitamente, ser atribuído à dança, em especial àquela que é denominada contemporânea.

Segundo Patrice Pavis, a noção de teatralidade remete, provavelmente, à mesma oposição literatura/literalidade: "a teatralidade seria aquilo que, na representação ou no texto dramático, é especificamente teatral (ou cênico)..."[68] Certamente, como mencionado, o conceito de teatralidade tem inúmeras definições, mas pode-se referir como pistas de teatralidade, por exemplo, tudo aquilo que não está contido no diálogo dos textos dramáticos, ou seja, todas as ocorrências expressivas que remetem ao não dito, ao sensorial, às tensões entre visível e invisível que constituem a espessura dos signos cênicos[69]. A fim de examinar a teatralidade existente na obra do Primeiro Ato é necessário, primeiro, examinar a própria trajetória do grupo.

---

68 *A Análise dos Espetáculos*, p. 372.
69 Ibidem.

Primeiro Ato:
Teatro na Dança

Me mostra tudo que você não sabe.

SUELY MACHADO[1]

O segundo capítulo desta obra está dividido em quatro itens. O primeiro item refere-se ao percurso artístico do Primeiro Ato através de sua trajetória de mais de 25 anos de existência. O segundo olha mais especificamente para o treinamento dos bailarinos e os processos de criação do grupo. No terceiro, as possíveis influências sofridas pelo grupo são elaboradas e, no último, o foco é o Primeiro Ato hoje e sua relação com o mundo artístico contemporâneo, em que é possível tecer relações entre o texto de Hans-Thies Lehmann, O *Teatro Pós-Dramático*, com o do antropólogo Marc Augé, *Não-Lugares: Introdução a uma Antropologia da Supermodernidade*.

PERCURSO ARTÍSTICO

"Abre-se a cortina: Primeiro ato!" Simples assim, em uma conversa com amigos, buscando um nome para o grupo de dança que nascia em 1981, surgiu o nome *Primeiro Ato*, que é grafado muitas vezes – embora não sempre – como 1º Ato. Suely

---

1 Apud H. Werneck; C. Navas, *Primeiro Ato*, p. 11.

Machado, uma das fundadoras desse grupo, pretendia então, com mais três amigas, Ivana Pezzuti, Maria Inês Menicucci e Simone Caporali, fundar um espaço onde pudessem dar aulas, criar coreografias e ensaiar. Foi assim que o grupo nasceu em uma garagem de Belo Horizonte, de modo um tanto improvisado, há 26 anos.

Ex-alunas da escola do grupo Corpo, as quatro bailarinas tinham claro desde o início que não iriam ser um grupo de balé clássico, no sentido de uma companhia tradicional de repertório clássico, e tampouco uma companhia de dança neoclássica. Para Kátia Rabello, a quinta sócia, que se uniu às demais um pouco mais tarde, o que se pretendia com a formação do grupo era dançar, "mas uma dança que tivesse essa característica do teatro de emocionar, não que não tenha me emocionado com balés, mas sentia a necessidade de algo mais, de expressar um conteúdo dramático"[2]. Partindo para um viés que se aproximaria da estética do grupo de Marilene Martins, o Trans-Forma, assim como da companhia alemã Tanztheater Wuppertal, dirigida por Pina Bausch (embora a segunda ainda fosse desconhecida das meninas mineiras) emergiu o grupo de dança Primeiro Ato.

Apesar da referência do grupo Corpo, os dois grupos sempre foram muito distintos, e é possível visualizar nitidamente algumas das diferenças existentes entre eles – enquanto o Primeiro Ato valoriza a relação com o teatro e o trabalho de criação coletiva entre os bailarinos, o grupo Corpo constrói uma carreira em que frequentemente as coreografias são assinadas pelo mesmo coreógrafo, o fundador Rodrigo Pederneiras. São nítidas também algumas semelhanças que unem as duas companhias mais célebres de Minas Gerais, como o fato de ambas serem provenientes da cidade de Belo Horizonte, que, como foi visto no capítulo anterior, apesar de ter vivido uma fase de efervescência cultural nos anos de 1970 e 1980, está fora do eixo cultural dominante Rio-São Paulo. Outra característica relevante é que, assim como o grupo Corpo, o Primeiro Ato teve grande influência do grupo Trans-Forma, dirigido por Marilene Martins. E finalmente, sem esgotar as semelhanças, pode--se citar a resistência e a determinação de ambos os grupos,

2   Entrevista à autora.

que têm uma longa e significativa trajetória na dança nacional e internacional contemporânea.

Em um artigo recente, Suely Machado buscou reconstruir seu percurso artístico na direção do grupo Primeiro Ato. Nesse texto, que foi publicado no quarto volume da coleção Humus, com apoio do Itaú Cultural, Machado compara seu trabalho com a poesia concreta:

> Não tenho assim a pretensão de que minha experiência seja em si uma poesia concreta, mas encontrei nas palavras dos três poetas[3] um eco, uma identificação na estrutura, no conceito, na experiência e no sentimento que me acompanha todos esses anos.[4]

De fato, a poesia concreta não foi uma fonte direta na construção da identidade do grupo, mas nessa reflexão da diretora, que se deu após percorrer um longo trajeto no comando do grupo, ela reconhece características de sua arte em comum com esta poesia. O poema que não busca dizer isto nem aquilo, mas diz-se a si próprio, fala de si mesmo, enquanto simultânea e paradoxalmente fala também do outro.

A identidade desse grupo pode ser considerada "idêntica a si mesma e a dessemelhança do autor". Não que o Primeiro Ato não carregue em seu repertório a assinatura de uma direção una, constante e presente. Já no primeiro ano de existência do grupo, Machado começou a comandar sozinha a direção artística. No entanto, mesmo tendo sempre a mesma orientação ao longo dos seus 26 anos, uma das características mais fortes dessa direção é justamente buscar a contribuição de artistas variados nos processos criativos de cada espetáculo.

Suely Machado conheceu a dança aos 21 anos, tardiamente para os padrões regidos pelo balé clássico. E diferentemente das moças da sua geração, que iniciavam seus estudos de dança pelo balé, Suely começou pela dança moderna. Ex-atleta, estudante de psicologia e de música, se apropriou de sua formação eclética para construir um grupo que, embora coeso, valorizava as diferenças. Seu grupo ideal seria:

---

3   Augusto dos Campos, Décio Pignatari e Haroldo de Campos.
4   S. Machado, apud S. Nora, *Humus*.

Um coletivo de diferenças: entre pessoas, ideias, maneiras de defendê-las e transformá-las em criação. Desde os profissionais contratados, aos temas das obras, aos coreógrafos convidados, até a diferença entre processos[5].

Adepta de um trabalho de composição coreográfica, no qual a coreografia se compõe como uma partitura de música, gesto por gesto, movimento por movimento, transformando-se no que se pode reconhecer como uma partitura gestual – assim como buscava Grotowski – Machado credita a descoberta inicial desse processo coreográfico a Sonia Motta. Em 1988, acompanhada de mais quatro bailarinas, a diretora passou um mês em São Paulo, no Teatro Brasileiro de Comédia (TBC), fazendo um curso com importantes referências da dança contemporânea nacional, como Clarice Abujamra, Susana Yamauchi e Sonia Motta. Foi através desse encontro com Motta que transformou sua concepção coreográfica: "Descobri que era aquilo, composição coreográfica, o que eu queria fazer na vida e faço até hoje."[6]

Desde o início as parcerias com artistas de áreas afins – teatro, música, balé, mímica etc. – foram privilegiadas no Primeiro Ato. Nos primeiros anos, Machado convidou coreógrafos para as montagens dos espetáculos; em 1984, já no segundo trabalho do grupo – *Três Ave-Marias e um Pai Nosso* –, a coreografia foi de David Mundim e a direção de Eusébio Lobo. Nesse sentido, é possível notar uma característica específica do Primeiro Ato: seus espetáculos contam com um coreógrafo e um diretor, sendo que na dança, o que se vê normalmente, é um coreógrafo que acumula as duas funções. Em 1988, o grupo trabalhou com cinco diferentes coreógrafos para compor um espetáculo que se chamou *Confidências Para Terceira Pessoa*. O processo de criação coletiva, no entanto, só teve início anos mais tarde, no espetáculo *Carne Viva*, em 1990. Por criação coletiva entende-se uma dinâmica na qual os bailarinos do grupo se tornam criadores ativos, intervindo como autores e intérpretes de suas danças, ainda que orientados por um coreógrafo e pela direção. Em *Carne Viva* os responsáveis por essa orientação foram os coreógrafos Arnaldo Alvarenga e Dudude Hermann.

5   Ibidem, p. 3.
6   H. Werneck; C. Navas, op. cit., p. 48.

É possível apontar espetáculos que promoveram transformações na trajetória do grupo, como é o caso de *Isso Aqui Não É Gotham City*[7], obra que unia as linguagens das histórias em quadrinhos, do cinema, da mímica clássica[8] e da dança. *Gotham City* foi um marco na história do grupo, o espetáculo estreou em 1990 e a direção foi de Paulinho Polika[9]. Os bailarinos do grupo colaboraram na criação de suas personagens, numa pesquisa que unia dança à mímica, mas que borrava as fronteiras entre as diversas formas cênicas, criando um estilo que poderia talvez ser definido como "*noir*-cômico". Segundo Vitória Neves, crítica do jornal *Estado de Minas*:

> Certamente o maior mérito do espetáculo *Isso Aqui Não É Gothan City* é chegar quase ao abuso de linguagens artísticas (teatro, mímica, música); introduzir no roteiro recursos de cinema, televisão e histórias em quadrinhos, sem deixar de mostrar um trabalho essencialmente coreográfico.[10]

Em 1994, após *Tigarigari*, espetáculo coreografado por Sonia Motta, aquela mesma bailarina que anos antes tinha influenciado profundamente o trabalho de Machado, uma grande mudança ocorreu na dinâmica de pesquisa coreográfica do grupo. Suely Machado propôs para o seu elenco de bailarinos que um deles passasse a iniciar um processo coreográfico sob sua direção. Nesse momento se fortaleceu ainda mais a ideia de um diretor que, apesar de estar dentro do processo de criação, tem um distanciamento da construção coreográfica, e atua como uma espécie de diretor teatral ou de maestro que

---

7   Embora o espetáculo não tenha conseguido espaço nos festivais de dança da época por não ser considerado "dança", a montagem viajou para Espanha, Portugal, Alemanha, Argentina, Uruguai, Bolívia e Colômbia, onde foi recebido positivamente pelo público e crítica. Em 2000, dez anos após sua estreia, *Gotham City* rendeu premiações de melhor espetáculo de dança e Marcela Rosa recebeu o prêmio de melhor bailarina por sua atuação nesse espetáculo.
8   Mímica clássica pode ser entendida como a área da mímica que cria e explora as ilusões de objetos no espaço. O gestual da mímica objetiva é o mais fiel possível às ilusões criadas. Ficou popularmente conhecida pelo trabalho do mimo francês Marcel Marceau.
9   Paulinho Polika é diretor de teatro de bonecos e trabalhou muitos anos com o Primeiro Ato na área de jogos teatrais.
10 Grupo Primeiro Ato Dança Toda a Loucura de *Gotham City*, *Estado de Minas*, 17 jun. 1992.

rege a sua orquestra, equilibrando seus instrumentos em parceria com seu coreógrafo ou compositor, mas que ao mesmo tempo detém a palavra final da produção.

O objetivo de Suely era proporcionar a "um jovem coreógrafo toda a estrutura, bailarinos experientes, e um grupo solidificado com um caminho e história suficiente para abrigar esse desafio"[11]. O primeiro a aceitar essa empreitada foi o bailarino Tuca Pinheiro, e a primeira obra da parceria Machado/Pinheiro foi o espetáculo *Desiderium*, que estreou em 1997. O resultado dessa experiência foi tão satisfatório que a dupla realizou mais dois espetáculos: *Beijo nos Olhos... na Alma... na Carne* e *Sem Lugar*.

Para Pinheiro, em função da ausência de uma escola de formação de coreógrafos no Brasil, os criadores aprendem seu ofício na prática. Nesse sentido, o Primeiro Ato foi para ele uma possibilidade de aprendizado, uma estrutura aberta para novas propostas, com um fluxo constante de artistas. Nos três trabalhos que coreografou para o grupo, Pinheiro não manteve um método único, mas em todas as suas obras prevaleceu a criação coletiva a partir de um pré-roteiro. Bailarino-ator cuja formação teatral autodidata veio da prática, assim como da leitura de autores como Artaud e Grotowski, Pinheiro permitiu ao elenco uma exploração de elementos que iam além da dança e se entrecruzavam com o teatro.[12]

Entre o primeiro espetáculo coreografado por Tuca Pinheiro e os dois últimos, houve um intervalo em que outro diretor trabalhou com o grupo: Gerald Thomas. *A Breve Interrupção do Fim*, chamado pelo grupo de BIFE, foi uma experiência um tanto radical. A dificuldade maior do elenco não foi causada pelo fato de Thomas ser do teatro, visto que já haviam trabalhado com outros diretores de teatro, como Polika em *Gotham City*, mas sim em função, por exemplo, dos encontros durante a montagem terem sido esparsos. Desse trabalho, a referência mais forte parece ter sido os *workshops* com Luiz Damasceno, que trabalhou com o grupo explorando jogos teatrais e foi assistente de Thomas durante o processo.

---

11 Op. cit., p.12.
12 Entrevista à autora.

De volta a Tuca Pinheiro em 1999, *Beijo nos Olhos... na Alma... na Carne* foi uma obra inspirada no universo de Nelson Rodrigues. Para esse trabalho, o grupo se viu diante de um autêntico desafio teatral. Embora Pinheiro não tenha definido *a priori* personagens para os bailarinos, estas eram seres ficcionais que emergiam do amplo universo rodriguiano. Para a criação desse espetáculo, Pinheiro contou com a orientação do crítico e estudioso Sábato Magaldi, além de referências de textos de Rodrigues e de adaptações cinematográficas de sua obra. Donas de casa histéricas, amantes obsessivas, mulheres traídas, homens mau-caráter, homossexuais enrustidos, prostitutas decadentes, muitos dos tipos que Rodrigues utilizava em seus textos estavam presentes nessa obra. Embora as cenas não tenham sido definidas de maneira a ilustrar determinados textos específicos, é possível reconhecer nitidamente a presença do universo de Rodrigues no espetáculo. Para o crítico Miguel Anunciação, do jornal *Hoje em Dia*, de Belo Horizonte: "*Beijo...* é um espetáculo sempre ousado, sanguíneo, acintoso. Muitas vezes escandaloso, agressivo, exagerado (quando simula-se uma masturbação e quando dois sujeitos se beijam na boca), inclusive por isso compatível com Nelson."[13]

Após a experiência com Rodrigues, o grupo adentrou no universo de Carlos Drummond de Andrade. Por ocasião do centenário do poeta, Suely Machado foi convidada pelo neto de Drummond para participar da comemoração da data. Então, em 2002, com Tuca Pinheiro novamente, Machado e o elenco de bailarinos criaram *Sem Lugar*, espetáculo inspirado na obra e vida do poeta mineiro.

Vale mencionar ainda que mais dois trabalhos foram desenvolvidos pelo grupo até a presente data. Em 2004, estrearam o espetáculo *Mundo Perfumado* e, em 2008, *Geraldas e Avencas*. Entre essas duas obras, no entanto, ocorreu um intervalo mais longo do que o normal, visto que as produções anteriores aconteciam numa frequência maior; um fato importante tomou o grupo de surpresa: o patrocinador da companhia, o Banco Rural, por questões políticas que repercutiram nacionalmente, deixou de apoiá-la financeiramente. O banco, que mantinha

---

13 *Hoje em Dia*, 27 abr. 1999.

uma parceria há dezoito anos com o Primeiro Ato, não mais pôde manter seu apoio.

O corte do patrocínio levou a inúmeras mudanças estruturais no grupo. Por exemplo, o elenco anteriormente formado por treze bailarinos passou a ter sete, com a possibilidade de participações eventuais de ex-bailarinos, contratados como *freelancers* na ocasião de remontagens, visto que o grupo mantém muitas de suas obras vivas em repertório. A sobrevivência do Primeiro Ato, no entanto, não foi abalada, ainda que sua estabilidade tenha sido. Residente do centro de dança Primeiro Ato, a escola que funciona paralelamente à companhia, os ensaios, as aulas e as novas montagens foram mantidas e os ajustes foram acontecendo gradualmente[14].

TREINAMENTO E PROCESSOS DE CRIAÇÃO

Ao rever a trajetória desse grupo e analisar seu repertório, com a atenção focada principalmente no espetáculo *Sem Lugar*, é possível observar e refletir sobre as influências que prevaleceram e perduram na estética da companhia.

Embora, conforme já mencionado, o Primeiro Ato nunca tenha tido a pretensão de ser uma companhia de balé clássico, o domínio dessa técnica foi, desde cedo, mais do que uma exigência: uma necessidade. Não que o balé clássico tenha sido a ferramenta necessária para garantir o nível técnico desejado ou fundamental para se tornar parte do elenco, mas assim como várias outras companhias de dança contemporânea, o Primeiro Ato faz do balé clássico mais um instrumento eficiente, que busca preparar os corpos ao contrário de adestrá-los, no sentido a que Foucault, por exemplo, se refere[15].

Para Marcela Rosa, bailarina e assistente de Suely Machado, a excelência do bailarino na técnica de balé clássico não é o que define sua capacitação para pertencer ao Primeiro Ato: "Numa audição para novos bailarinos, a técnica de movimentação é levada em consideração, não necessariamente o clássico. O

---

14 Desde 2008 o grupo conta com o patrocínio da Petrobras.
15 *Vigiar e Punir*, p. 190.

fundamental é que não seja um corpo imaturo, o que procuramos é a personalidade do artista, sua bagagem, seu conteúdo."[16]
Segundo Katz:

> Quanto mais estrutural maior a gama de estéticas que uma técnica consegue servir. Por isso, muitos ainda divulgam erroneamente o balé como *a base para tudo*. Todavia, o fato de ele permitir uma aplicabilidade ampla – isto é, conectar-se bem em várias estéticas, além da sua própria – não significa que facilite todas as estéticas.[17]

No Primeiro Ato, assim como na companhia de Pina Bausch, as aulas de balé clássico, conduzidas pela professora argentina Bettina Bellomo, são diárias. Se não é possível para um espectador leigo perceber a presença da técnica clássica nos bailarinos, um olhar mais atento vê nitidamente o domínio que os bailarinos têm dessa técnica e de que maneira esse domínio contribui para a realização de seus trabalhos.

A fluidez e a leveza de movimento no balé clássico dependem da força e flexibilidade dos músculos, da flexibilidade das articulações, do equilíbrio o tempo todo. A coordenação dos grupos musculares durante o movimento é complexa e depende de uma postura biomecânica sólida para iniciar. Isto produz uma utilização equilibrada dos principais grupos musculares [...] Devemos entender, de qualquer forma, que o corpo trabalha como um todo e que o posicionamento perfeito se apoia na coordenação de todas essas partes.[18]

Assim como as aulas de balé, estão presentes no treinamento do bailarino do Primeiro Ato aulas de dança contemporânea. Dudude Hermann, por exemplo, foi professora da companhia durante dez anos. Outros profissionais convidados também vêm com frequência trabalhar com o elenco. O brasileiro radicado na França Osman Kelili, que dançou com a companhia *Rosas*, de Anne Teresa de Keersmaeker, ministrou diversos *workshops* para o grupo. O coreógrafo carioca João Saldanha, a paulista Renata Mello, assim como a paulista radicada na Holanda Rose Akras, são presenças constantes em oficinas para a companhia.

---

16 Entrevista à autora.
17 *Um, Dois, Três. A Dança é o Pensamento do Corpo*, p.166.
18 A.A.V.V., *The Foundations of Classical Ballet Technique*, p. 7.

Esta última, em especial, teve importância fundamental no desenvolvimento do grupo nos últimos anos. Akras tem formação em movimentação somática (*somatic movement*) na Holanda. Assim como o BMC®[19], a movimentação somática tem como filosofia o entendimento de que mente e corpo são integrados, conectados e mutuamente interativos[20]. Em suas oficinas para o grupo, que normalmente duram uma semana e têm cinco a seis horas por dia, Akras trabalha os sistemas do corpo humano e suas relações com o movimento separadamente.

Essas oficinas buscam promover a descoberta de uma movimentação espontânea, livre de códigos pré-estabelecidos, mas que acima de tudo tenha como fonte uma origem conhecida ou reconhecida para o movimento. "Um misterioso equilíbrio de saber e não saber é o que nos faz caminhar para o desconhecido."[21] Através do desenvolvimento da consciência humana e de uma busca de autopercepção, um trabalho de improvisação de movimentos é conduzido separadamente por cada sistema do corpo. Os órgãos, músculos, ossos, líquidos, articulações, a pele e até mesmo o sistema sensorial do corpo (olfato, tato, visão etc.) são trabalhados independentemente através de estímulos provocados pelo toque em duplas. As duplas alternam o estímulo, uma pessoa recebe o toque e depois improvisa em cima desses estímulos recebidos, em seguida alternam a atividade.

No Primeiro Ato, o trabalho vocal dos bailarinos foi também desenvolvido e elaborado. A cantora e preparadora vocal Babaya é uma parceira constante do grupo nos últimos dez anos. Em determinados espetáculos os bailarinos devem cantar, em outros devem falar textos ou, ainda, cantar e falar em um mesmo espetáculo. Para isso, o trabalho vocal foi sempre associado aos trabalhos corporais. É importante ressaltar que, assim

---

19 Desenvolvido pela norte-americana Bonnie Bainbridge Cohen, o BMC® (Body Mind Centering) é um estudo baseado na incorporação (*embodiment*) e aplicação de princípios anatômicos, fisiológicos e psicofísicos, utilizando movimento, toque, voz e mente.
20 "O termo somático foi cunhado por Thomas Hanna (1928-1990), escritor, filósofo e professor norte-americano. Para ele somática significa dizer que tudo o que o homem experimenta durante a vida é uma experiência corporal" (E. de Markondes, em J. Xavier et al. [orgs.], *Pesquisas em Dança*, p. 135).
21 L. Hartley, *Wisdom of the Body Moving*, p. XXI.

como define Patrice Pavis, "a voz não pode ser desassociada do corpo, do qual é um prolongamento, e do texto linguístico que ela encarna ou pelo menos leva"[22]. Sendo assim, nos espetáculos do grupo, os bailarinos devem estar aptos a cantar, atuar e dançar, conforme as exigências de suas próprias criações.

A questão do teatro, conforme já mencionada, foi sempre um tema presente na trajetória do grupo, embora os bailarinos do Primeiro Ato não se considerem atores[23], mas sim bailarinos que podem atuar ou cantar conforme necessário. No entanto, é evidente na maioria dos seus espetáculos que o trabalho realizado pelo elenco é sim um trabalho de atuação. Sendo assim, durante os processos de criação do grupo – que, conforme já mencionado, não seguem uma regra exclusiva, mas são diferentes a partir das necessidades de cada trabalho –, tanto a dança quanto a música e o teatro estão intrinsecamente ligados. Segundo Marcela Rosa: "cada trabalho é um processo que inicia no fim do último trabalho. É como se ficasse um lastro, necessidades de responder questões que acabam gerando o próximo trabalho"[24].

É nítido que a dança é a âncora tanto do treinamento quanto dos processos de criação do Primeiro Ato. Mas, ao mesmo tempo que essa dança, particular, mas diversificada, dá suporte para as criações do grupo, ela não o prende em um mar raso. Essa âncora permite que o grupo ache um ponto de partida, nem sempre estável, para poder navegar por vários mares, nas águas do teatro, da voz, da poesia, dos quadrinhos, das artes plásticas...

POSSÍVEIS INFLUÊNCIAS

Voltar a Marilene Martins é fundamental para a compreensão das origens do Primeiro Ato. Embora as fundadoras do grupo tenham saído da escola do Corpo, foi a dança do grupo Trans-Forma que realmente influenciou essas bailarinas. Kátia Rabello lembra que, apesar do impacto causado pelo primeiro espetáculo do grupo Corpo, *Maria Maria*, "ele [Corpo] não

---

22 Op. cit., p. 121.
23 Atores no sentido convencional, tendo como referência o teatro realista.
24 Entrevista à autora.

seguiu por esse caminho, de fazer um 'teatro dançado', Marilene sim, ela de fato foi a mãe da dança moderna mineira"[25].

Kátia aponta que desde cedo muitas pessoas comparavam o Primeiro Ato com a companhia alemã de Pina Bausch, o Tanztheater Wuppertal, mas "nós nunca tínhamos visto o trabalho de Pina, Marilene foi quem mais nos influenciou, com o Trans-Forma. Essa foi a primeira vez que vi uma dança que me tocou como o teatro me tocava".

Ainda que o Primeiro Ato não tenha, de fato, sofrido uma influência direta de Bausch, são nítidas as semelhanças que podem ser identificadas entre os dois grupos. A capacidade que a coreógrafa alemã tem de criar obras que possibilitam visões múltiplas, repletas de significados divergentes que geram uma polissemia (um entendimento que se dá de maneira diferente para cada espectador), também se vê frequentemente nas obras do Primeiro Ato; aquilo que José Gil chama de a "lógica do paradoxo":

> O paradoxo atravessa toda a obra de Pina Bausch. O que é o seu Tanztheater? Tem se insistido demasiado no seu caráter bastardo: não se trataria nem de teatro nem de dança. Todavia deve dizer-se o contrário: a arte de Pina Bausch faz correr um fio que serpenteia entre todos os gêneros de espetáculos (ou *performances*). Para uma só peça, pode convocar elementos provenientes do *ballet* clássico, da dança moderna, do *music hall*, do circo, da dança "étnica", do teatro de rua, da festa de salão ou da festa de feira. É uma espécie de *patchwork* – como se sabe, Pina Bausch, compõe, de resto, as suas coreografias à maneira de *patchworks*.[26]

O recrutamento de gêneros cênicos diversos não é a única característica em comum entre as duas companhias – a alemã e a mineira. A presença de bailarinos maduros, que atingem uma idade mais avançada, e que dialogam em cena com bailarinos mais jovens, é comum tanto nas obras de Bausch quanto nas de Machado. A proveniência variada do elenco também é outro ponto de encontro entre os dois grupos. O Primeiro Ato sempre contou com um núcleo de bailarinos oriundos de diversos estados brasileiros, promovendo uma miscigenação de

---

25 Entrevista à autora..
26 *Movimento Total*, p. 172.

culturas que transparece em suas obras, assim como os bailarinos de diferentes países da companhia alemã.

Certamente, as semelhanças entre os dois grupos não se esgotam com os exemplos citados acima, e poderia se tecer comparações com uso do figurino, da música, dos textos não dramáticos etc., mas, talvez, a semelhança que mais se evidencie, nesse caso, seja a capacidade de individualidade dos atores-bailarinos dessas duas companhias. Novamente o paradoxo ao qual Gil se refere, uma dessincronização sincronizada, que tira do coletivo uma homogeneidade asséptica, promovendo, no coletivo, o indivíduo com sua maneira única, ainda que todos estejam fazendo um mesmo gesto[27].

É importante ainda ressaltar que hoje, em relação ao contexto nacional de dança contemporânea, o Primeiro Ato continua a ter uma posição singular. O grupo transita entre trabalhos autorais de cunho experimental, como *Beijo...*, *Desiderium*, *A Breve Interrupção do Fim*, dentre outros mais recentes, mas, ao mesmo tempo mantém em seu repertório espetáculos de rua como *Quebra-Cabeça*, onde exploram uma linguagem *clown*, que é direcionado principalmente ao público infanto-juvenil, assim como *Isso Aqui Não É Gotham City*.

Embora possua esse repertório eclético e variado, um elemento é comum nos espetáculos do grupo: a busca de uma teatralidade. E estar aberto e atento para essa teatralidade na dança não é uma tarefa simples. Isso implica em fugir das armadilhas estéticas, das cenas que existem principalmente em função da virtuosidade do movimento, sem abrir mão da qualidade. Nesse ponto é possível afirmar que o trabalho do Primeiro Ato está no meio do caminho. Não porque ele não tenha atingido o patamar desejado, mas porque essa é uma busca constante, que implica em estar nesse espaço que é um não-lugar, no espaço do "entre", com todas as pedras, inclusive.

---

27 Ibidem, p. 177.

Descrição e Análise
de Sem Lugar

Porque, no meu entender, qualquer coisa sugerida é bem mais eficaz do que qualquer coisa apregoada.

JORGE LUIS BORGES[1]

O terceiro e último capítulo desta obra tem como objetivo examinar o espetáculo *Sem Lugar*. Como ponto de partida, dois eixos de análise – o "lugar" e o "não-lugar" – foram definidos. O primeiro eixo, o "lugar", percorrerá os elementos e processos que podem ser observados na dramaturgia da cena. Com base em referências como Patrice Pavis e Hans-Thies Lehmann, entre outros, esta seção busca pontuar aspectos que vão desde a concepção coreográfica, do figurino, da cenografia e da iluminação até o resultado final que se vê em cena; aquilo que pode ser classificado como visível, ou seja, o que está ao alcance de uma descrição, até certo ponto, objetiva. De qualquer forma, cabe esclarecer que a descrição nesse caso se aterá aos momentos selecionados, considerados significativos para a demonstração do discurso feito neste momento da obra.

Já com relação ao segundo eixo – "não-lugar" – o objetivo é analisar o que vai além do alcance da visão. Nesse item propõe-se a construção de pontes conceituais que são amparadas por autores contemporâneos como José Gil, Marc Augé, Jean Baudrillard, entre outros; para enriquecer a narrativa, em alguns

---

[1] *Esse Ofício do Verso*, p. 40.

momentos serão utilizados exemplos de outras companhias de dança contemporânea, como a norte-americana Trisha Brown Dance Company e a Cia. de Dança Deborah Colker, do Rio de Janeiro. Desse modo, diversas questões são abordadas e chegam ao nível do invisível, o que faz da obra um ponto de partida para descobertas sensoriais, individuais e coletivas.

O LUGAR

Se entendermos o "lugar" como "a noção sociológica associada por Mauss e por toda uma tradição etnológica àquela de cultura localizada no tempo e no espaço"[2] e o "não-lugar" como espaços transitórios, tais como aeroportos, rodovias, grandes centros comercias, entre outros[3], de que maneira é possível compreender o "sem-lugar"? O sem-lugar, referido aqui com letra minúscula e hífen, não é o espetáculo criado pelo Primeiro Ato, mas é aquilo que o espetáculo *Sem Lugar* aborda ou de que se alimenta. Sendo assim, o sem-lugar pode ser visto talvez como uma falta de lugar, uma ausência, seja ela por opção de não enquadramento ou por um deslocamento que implica em um não pertencimento a um lugar ou espaço definido. Nesse sentido, Drummond – cujo universo poético serviu como fonte de estímulos do espetáculo em questão –, que nasceu anjo torto e foi *gauche* na vida, ficou sem-lugar por necessidade ou opção (ou falta de opção)?

Gilberto Mendonça Teles aponta algumas características importantes da obra desse poeta, que valem ser mencionadas:

> A adoção do verso livre e da descoberta, por isso mesmo de outros esquemas rítmicos; extinção da rima ou a sua utilização noutro plano e com outros objetivos expressionais, a criação de imagens novas, o abandono da pontuação, o abuso da enumeração (caótica), a frase ilógica, o simultaneísmo e, notadamente, para destruir os últimos redutos da poética parnasiana e escandalizar os mais aferrados ao tradicionalismo, a reinvenção do epigrama (ou do poema-minuto, na terminologia de Haroldo de Campos) e a invenção do poema-piada, muitas vezes mais piada que poema mesmo, reaproximando desta forma dois fenômenos tão próximos como a poesia e o chiste...[4]

2   M. Augé, *Não-Lugares*, p. 36.
3   Ibidem.
4   *Drummond: A Estilística da Repetição*, p. 64.

Dentre os vários aspectos apontados anteriormente, Teles define Drummond como inventor do poema-piada, e aponta essa linguagem como fonte para o desdobramento que reaproxima os dois fenômenos supracitados: a poesia e o chiste.

Assim como em Drummond podemos reconhecer a relação ou justaposição de elementos, no espetáculo *Sem Lugar* vemos uma ligação intrínseca entre o teatro e a dança. E, observando com atenção a dança e o teatro em suas múltiplas manifestações, não é difícil identificar que tanto na primeira quanto na segunda forma artística se faz imprescindível a presença do corpo do ator-bailarino ou *performer*[5]. Qual é então o "lugar" de *Sem Lugar*?

O espetáculo, criado a partir do tecido poético de Drummond, parece não corresponder exatamente à definição de Mauss referida. O que vemos no seu desenvolvimento, mais do que a expressão de uma cultura no tempo e no espaço, pode ser associado a deslizamentos que envolvem diferentes horizontes perceptivos. Sendo assim, o universo de Drummond parece dar vida a processos dinâmicos, cujos catalisadores podem ser localizados nas diversas dramaturgias: do texto poético, do corpo, do objeto, do espaço e do tempo.

O (Sub)Texto de Drummond

> [...] *a mão cresce mais e faz do mundo-como-se-repete o mundo que telequeremos.*
>
> CARLOS DRUMMOND DE ANDRADE[6]

"Drummond aboliu as vírgulas."[7] Além disso, ele explorou em sua obra versos circulares, onde o começo, o meio e o fim podem se confundir e intercalar interminavelmente. O ritmo da palavra, nesse espetáculo, é marcado pela circularidade,

---

5   Entendo por *performer*, conforme Pavis: "aquele que fala e age em seu próprio nome (enquanto artista e pessoa) e como tal se dirige ao público, ao passo que o ator representa sua personagem e finge não saber que é apenas um ator de teatro". *A Análise dos Espetáculos*, p. 284.
6   A Mão, *Lição de Coisas*, p. 55.
7   G.M. Teles, op. cit., p. 50.

assim como pela repetição, que é um processo constante tanto na obra do poeta quanto nessa obra coreográfica. Em ambos os casos, seja na poesia ou na dança, a repetição é lançada para todos os lados. Em *Sem Lugar*, mais especificamente, ela transita entre a movimentação coreográfica e a comunicação verbal.

Há uma cena em que a bailarina, Ester França, entra segurando uma embalagem de leite longa vida, trajando um vestido longo, dirige-se ao proscênio e descreve para a plateia, em um tom monocórdio, todas as características do produto que segura: uma caixa de leite embalado a vácuo. No meio de seu discurso, monótono e inusitado, sem alterar o ritmo e a voz, ela dispara a seguinte frase: "me abraça". O tema sobre leite continua, e a plateia se pergunta se ouviu realmente esse pedido de carinho. Em seguida, um novo pedido de abraço, perdido no meio do discurso ainda sobre o leite, até que os pedidos vão se repetindo e intensificando, e ela começa a se deslocar pelo palco e pedir não mais para a plateia, mas para outros bailarinos do elenco que a abracem, sendo que estes a ignoram e seguem seus trajetos. A música também se intensifica, assim, como os deslocamentos pelo palco, e a cena, a princípio banal, ganha densidade e peso.

Certamente a utilização da comunicação verbal em um espetáculo de dança, que se refere à obra de um poeta, não é um recurso inesperado. Embora o texto falado em cena não reproduza os poemas de Drummond[8], ele cumpre uma função poética muito utilizada pelo escritor, assim como por muitos grupos de teatro, teatro-dança, entre outros: "a linguagem como objeto de exposição". Como descreve Lehmann: "Em vez de representação de conteúdos linguísticos orientada pelo texto, prevalece uma 'disposição' de sons, palavras, frases e ressonâncias conduzida pela composição cênica e por uma dramaturgia visual que pouco se pautam pelo 'sentido.'"[9]

Ou seja, ocorre um efeito de choque, uma vez que se rompe o ser e aquilo que ele significa. O que se expõe contradiz o que se afirma e cria-se um universo paradoxal, que, ao confundir o público, abre para a possibilidade de inúmeros sentidos sugeridos, e então o público se torna autor em potencial.

---

8   Exceção ao poema "Quadrilha", declamado em voz *off* pelo próprio poeta.
9   H.-T. Lehmann, Motivos Para Desejar uma Arte da Não-Compreensão, *Urdimento*, n. 9, p. 248.

Esse paradoxo do texto, que flutua nos corpos dos bailarinos, evidencia a real busca de uma localização simbólica. Mais do que uma necessidade de definição geográfica e social, o (sub)texto do espetáculo promove a angústia poética do homem sensível e deslocado, e transfere para o corpo aquilo que antes saía do pensamento, apenas para o papel e para a palavra.

E o corpo que emerge da poesia de Drummond não é apenas o corpo lírico e sutil, é também o corpo obsceno e carnal. O *pas de deux* que acontece em um colchão, por exemplo: se, em um primeiro momento, a cena remete a um conhecido poema de Drummond[10] que tem um olhar doce e singelo do amor, a movimentação do casal na cama é muito menos singela. O "corpo-carne" é evocado, braços, pernas, nádegas... O bailarino aproxima e rejeita a sua parceira, que dança como uma boneca de pano, cujo peso morto é jogado e manipulado pelo bailarino a seu bel prazer, trazendo a multiplicidade do ser humano, físico e sutil, que perpassa as cenas de *Sem Lugar* em diversos momentos.

O Corpo Singular-Coletivo

Segundo Pavis, ao analisar um espetáculo, deve-se começar pela descrição do trabalho do ator, "pois este está no centro da encenação e tende a chamar o resto da representação para si"[11]. Para falar sobre o trabalho do ator, do bailarino ou do *performer*, é necessário considerar o corpo em sua materialidade. Se o denominador comum da poesia é a palavra escrita, o denominador comum das artes da cena é o corpo. Seja qual for a forma de dança ou teatro de que se estiver tratando, é evidente a importância fundamental do corpo na cena. Ainda conforme Pavis: "O primeiro 'trabalho' do ator, que não é trabalho propriamente dito, é de estar *presente*, de se situar aqui e agora para o público, como um ser transmitido ao vivo, sem intermediário."[12]

---

10 "O amor é grande e cabe / nesta janela sobre o mar. / O mar é grande e cabe / na cama e no colchão de amar. / O amor é grande e cabe / no breve espaço de beijar." C. Drummond de Andrade, O Mundo é Grande, *Amar se Aprende Amando*, p. 19.
11 Op.cit., p. 49.
12 Ibidem, p. 53.

Na primeira cena de *Sem Lugar*, quando o público entra, dois bailarinos[13] encontram-se no palco com as cortinas abertas.[14] Assim como no poema de Drummond, os bailarinos encontram-se durante os primeiros nove minutos do espetáculo numa espécie de "tempo de absoluta depuração"[15]. Não acontece neste "tempo" nenhum movimento demasiadamente expansivo. Ao contrário, uma bailarina, sentada sobre um balde no proscênio, despenteia o seu cabelo. Ao seu lado, de pé, um bailarino penteia calmamente todos os pelos de seu corpo: braços, barriga, pernas, glúteos... A música sugere ruídos campestres: cavalos, galinhas, estalos. Existe uma espécie de paisagem musical que remete a um ambiente bucólico, embora tenso. Mas depuração de quê? Nove minutos lentos, com um ruído repetitivo, permeado por ações ambíguas. Em seguida, somam-se aos dois em cena mais duas bailarinas. Uma dessas bailarinas entra e se coloca de frente para uma parede de madeira que ocupa um terço do fundo do palco, aproximadamente. A movimentação dela é igualmente ambígua e desconcertante. Ela parece se enforcar repetidamente com um laço de fitas de frente para a parede. O cenário é composto somente por esta parede de madeira. A quarta bailarina entra no palco e se deita no chão, de frente para a mesma parede. A repetição, seja dos movimentos como da música, se instala imediatamente. O tempo escorre como em uma ampulheta.

Tal como na obra de Drummond, essas repetições não têm um objetivo meramente decorativo: "[...] antes, atingem outras dimensões da expressão poética, criando ambiguidades, despertando o leitor (no caso, o público) de sua passividade espiritual, para lançá-lo nas dissonâncias formais da lírica contemporânea"[16].

Público desperto, imerso, entediado ou até mesmo adormecido. Após nove minutos em suspensão, o corpo que se movia mecânico e apertado ganha espaço, e a poesia começa

---

13 Como o Primeiro Ato se define como um grupo de dança, optei por me referir aos membros do elenco como bailarinos – que é a maneira como eles próprios se denominam – embora acredite que também poderia chamá-los nesse caso de dançarinos, atores-bailarinos ou *performers*.
14 O espetáculo já começou no *foyer* do teatro, como veremos adiante.
15 C. Drummond de Andrade, Os Ombros Suportam o Mundo, *Antologia Poética*, p. 127.
16 G.M. Teles, op. cit., p. 18.

a explodir. É importante mencionar que o elenco do Primeiro Ato não é um elenco homogêneo. Os corpos, nesse caso, são muito diferentes. Apesar de serem treinados com aulas diárias de balé clássico, não têm em sua corporeidade vestígios explícitos dos códigos constitutivos dessa linguagem.

Embora não se perceba em *Sem Lugar* uma formalidade técnica excessiva, ou seja, uma exibição de passos virtuosos que demonstrem o alto nível técnico do elenco, a movimentação coreográfica não é exatamente o que se pode chamar de uma coreografia derivada de movimentos representativos de ações cotidianas. Se os bailarinos da geração do Judson Dance Theater buscavam uma dança inspirada em movimentos corriqueiros, como andar, correr e saltar, nesse espetáculo existem movimentos cotidianos, mas mesmo os movimentos mais casuais como pentear cabelos ou regar uma planta podem ser distorcidos e carregados de metáforas, que envolvem ao mesmo tempo o teatro e a dança, abrindo caminho para o que podemos chamar de "poesias cênicas". Conforme aponta Lehmann, "o teatro não é apenas um lugar dos corpos submetidos à lei da gravidade, mas também o *contexto real* em que ocorre um entrecruzamento de vida real cotidiana e de vida esteticamente organizada"[17].

Ainda que os bailarinos do Primeiro Ato tenham esse "corpo cotidiano" de "pessoas normais", conforme já mencionado, os seres ficcionais de *Sem Lugar* não remetem exatamente a pessoas comuns. São seres de carne e osso, mas são também seres efêmeros e surreais. Seus defeitos e fraquezas são revelados, assim como as suas delicadezas e excentricidades. Esses bailarinos não corporificam personagens definidas; ao contrário, eles parecem ser várias facetas de uma única personagem. São todos seres solitários que, embora pertençam a um grupo, encontram-se sós mesmo que acompanhados. Os corpos transitam nesse espaço de passagem, o lugar transitório, mas que remete antes ao sem-lugar, mais do que ao não-lugar a que Augé se refere.

Quando a movimentação em cena começa a ser expandida, e os movimentos repetitivos e minimalistas são substituídos por grandes deslocamentos e desenhos no espaço, os bailarinos partem para explorações individuais ou em duplas e grupos.

17 Motivos Para Desejar uma Arte da Não-Compreensão, *Urdimento*, v. 1, n. 9, p. 18.

FIG. 1: *Marcela Rosa em* Sem Lugar.

Aqui se percebe que o artista sobrepõe-se ao passo de dança. Ou seja, o que se observa não é o grau de dificuldade ou de elaboração da coreografia (embora ela tenha tanto uma quanto a outra), mas sim o intérprete que, nesse caso específico da montagem original, é também cocriador, realizando seu discurso através de movimento. Isso remete à questão apontada por Marcela Rosa, que enfatizou a importância da personalidade do bailarino do Primeiro Ato. Alguém que está em cena e tem um discurso pessoal além do coletivo, e isso é demonstrado de diversas formas.

O discurso corporal em questão remete à poesia de Drummond, e, embora em alguns momentos perceba-se essa referência de forma mais ilustrativa (como a cena da quadrilha, na qual se ouve a voz em *off* de Drummond narrando seu famoso poema "Quadrilha": "João amava Teresa que amava Raimundo..."), de um modo geral a poesia de Drummond não está presente de maneira literal. O leitor iniciado no universo do poeta pode reconhecer seus poemas em vários momentos, mas esse reconhecimento não se dá necessariamente de forma uniforme para todos. Até mesmo porque a poesia que se encena não é unicamente a poesia de Drummond, mas a poesia de cada um dos membros do elenco, assim como da plateia, carregada de suas interpretações; vestígios de suas infâncias e marcas de suas personalidades.

Segundo Tuca Pinheiro, a partir dos poemas que foram trazidos, deu-se início a uma experimentação de movimentos através de seções guiadas de improvisação. Embora as improvisações fossem guiadas, elas tinham um forte caráter autoral, o que pode ser percebido pela gama de diferentes qualidades e estilos de movimentos em cena.

A forte relação do poeta com o humor e a ironia se vê de maneira contundente no corpo do bailarino em *Sem Lugar*. Se a cena é lírica, entra um elemento novo que muda essa atmosfera. Assim como nos poemas de Drummond, o humor surpreende, ri de si mesmo, de sua idade, de seu corpo. Um exemplo de poema-piada pode ser reconhecido quando o bailarino Alex Dias[18]

---

18 O elenco de referência aqui citado é o da montagem original de 2002, que construiu o espetáculo com o coreógrafo Tuca Pinheiro e a diretora Suely Machado.

senta-se em frente ao público e balança sua pele, embalado pelo som de uma boneca do tipo Barbie Havaiana, realçando assim a sua própria decadência. Uma piada que é mais humor negro do que chiste.

Mas, se o humor é realçado, a dor também é. Assim como na cena da Barbie, outras cenas são construídas a partir da dor, do grotesco, do feio, como quando o bailarino Fábio Dornas cobre a sua cabeça com uma camiseta, e faz uma movimentação que sugere um ato libidinoso (embora isso não fique claro) em frente à parede de madeira, acompanhado por uma música de tom sombrio. O lugar em questão é ocupado não somente por corpos que dançam e interpretam, mas pelo material poético que o preenche, transformando-o em um "lugar praticado", deslocando o espaço cênico para um espaço antropológico ou existencial, como define Merleau-Ponty.

A erotização dos corpos femininos, tanto quanto dos masculinos, está presente, por exemplo, na cena que antecede a já mencionada quadrilha[19]. Os corpos aparecem vestidos com figurinos de plástico transparente, "à venda", demarcados por códigos de barra, o que os confere certa vulgaridade inicial. No entanto, eles se posicionam em cena de forma austera e formal enquanto anunciam seus corpos como nos classificados de um jornal.

A movimentação coreográfica do espetáculo é distribuída em cenas ou episódios, cuja conexão se dá muitas vezes através de elementos cênicos, como pedras e areia. Outras vezes é a música que costura uma cena a outra, ou ainda, não existe conexão alguma entre as cenas, o que pode não ser necessariamente um problema, visto que, assim como a poesia de Drummond, o espetáculo constrói uma narrativa não linear e fragmentada. Em vez do desdobramento de um enredo, seria mais adequado pensar em um leque ou mosaico de estados interiores que se revelam ao público, permitindo que esse elabore (ou não) suas conexões poéticas.

Não resta dúvida de que o elenco original desenvolve um trabalho coletivo, preenchido por muitos solos ou duos simultâneos, nos quais o grupo não é mais forte do que o indivíduo.

---

19 "João amava Teresa que amava Raimundo..."

Ao contrário, ambos estão igualmente presentes. Segundo a crítica Helena Katz, do jornal *O Estado de S. Paulo*: "Cada qual dos dez bailarinos contribui com algo de muito peculiar e bem ajustado a si mesmo, inserindo o Primeiro Ato na linhagem dos que entendem a dança como um resultado de colaborações [...]"[20]

Durante um ensaio[21] da remontagem de *Sem Lugar*, as orientações dadas por Suely Machado aos novos bailarinos que aprendiam a coreografia definiam claramente a importância do indivíduo, do intérprete em cena: "na dúvida me mostra você, mais do que o gesto – se é que se pode separar uma coisa da outra..."

Certamente, não se pode separar o gesto do indivíduo, assim como não se pode separar a mente do corpo, ou o sujeito do objeto. Sendo assim, o que se percebe nessa tentativa de criar um espetáculo de dança a partir de um universo poético é que não se pode tampouco separar o teatro dessa dança, ou a dança desse teatro, embora aqui exista uma hierarquia, e ela é do corpo, mais do que da dança. E esse corpo é, por sua vez, da pessoa, do intérprete, mais do que do grupo. Sendo assim, o teatro ou dança que se apresenta poderia ser chamado de teatro do movimento ou de dança do pensamento. É teatro e é dança. E faz uso de objetos cênicos que vêm para dialogar e interagir com os intérpretes de maneira significativa e singular, embora existam de forma coletiva.

O Objeto Como Regra Libertadora do Corpo em Cena

Pensar no objeto como uma regra libertadora é partir de um paradoxo. Se for possível entender regra como algo que restringe ou limita, como pode ser essa regra libertadora? Aqui parte-se da seguinte premissa: quando se impõe uma regra a um corpo, e nesse caso a regra surge de um ou mais objetos, em vez de limitá-lo ou apenas restringi-lo, estamos de fato munindo-o de um material libertador que pode abastecê-lo de recursos que serão explorados e desenvolvidos em cena.

---

20 Espetáculo Foge do Literal, Mas Ainda Falta Conexão, *O Estado de S. Paulo*, 19 jun. 2002.
21 Belo Horizonte, 27 set. 2006.

O balé clássico, forma de dança que conquistou seu apogeu no século XIX, tem como seu mais célebre objeto aquele que sustenta metafórica e literalmente a bailarina: a sapatilha de ponta. E não somente a sapatilha de ponta, que mais do que um objeto é quase uma extensão do corpo da bailarina, mas também outros objetos transformaram-se em ícones da dança clássica, tais como a varinha de condão, a cesta de flores, o tutu bandeja, entre outros.

Isadora Duncan, a americana que se tornou um ícone da dança pré-moderna, usava constantemente lenços diáfanos em suas performances. Loie Fuller, outra americana revolucionária, mais do que lenços que remetiam à liberdade, ao mar ou ao vento, valeu-se de varetas de madeira como extensões, que, escondidas sob seus costumes, projetavam seus braços e produziam jogos fascinantes com tecido e luz e criavam dinâmicas nas quais o objeto não mais tinha a necessidade de explicar uma situação ou remeter a alguma ideia concreta, mas apenas produzir efeitos abstratos.

Na dança moderna, assim como na pós-moderna ou contemporânea, é possível observar o uso de objetos que não mais servem de adereços ilustrativos ou suporte para os dançarinos. O objeto passa a dialogar com o corpo do intérprete e pode ser trabalhado das mais diversas maneiras. O objeto pode ser tanto um obstáculo, que dificulta o uso do espaço e agrega risco ao movimento, como também pode produzir infinitas metáforas, como as cadeiras usadas em *Café Müller*, de Pina Bausch, ou a mesa em *A Mesa Verde*, de Kurt Jooss.

Para ilustrar melhor essa questão, mais dois espetáculos de dança contemporânea se somarão a *Sem Lugar* como referência. O primeiro exemplo escolhido é a coreografia "Vasos" do espetáculo *Quatro por Quatro*, da coreógrafa Deborah Colker; o segundo é *Floor on the Forest*, de Trisha Brown.

O espetáculo *Quatro por Quatro* propõe a parceria entre a dança e as artes plásticas em quatro coreografias. "Vasos" foi a escolhida para ser examinada neste texto. Nessa obra, o artista plástico e cenógrafo Gringo Cárdia, parceiro constante dos trabalhos de Colker, cobre o palco onde se desenvolve a coreografia com vasos brancos e azuis que imitam uma louça fina. Os bailarinos começam a cena colocando vaso por vaso no palco, criando aos poucos um chão que fica todo coberto de vasos, os quais formam linhas paralelas dispostas como ruas e avenidas que se cruzam, deixando um espaço preciso por onde os bailarinos poderão caminhar, correr e dançar. Uma vez que os vasos vão ocupando o palco e, assim, definindo os percursos pelos quais os bailarinos poderão transitar, a regra se estabelece. Nesse "lugar" tudo será permitido, menos tocar ou derrubar os vasos. A execução dos movimentos que surge a partir dessa proposta tem que ser absolutamente precisa. Os vasos servem como obstáculos para os bailarinos, que devem desviar deles a cada passo, e são geradores de tensões, não apenas nos intérpretes, mas também no público, que é obrigado a vigiar atentamente cada movimento que acontece.

Embora os objetos sejam manipulados pelos bailarinos apenas uma vez – quando eles são trazidos ao palco –, o diálogo se dá durante toda a coreografia. Se a dança acontecesse sem a presença dos vasos, ou com outros objetos, como fitas que apenas delimitassem o local dos vasos no chão, os movimentos seriam os mesmos, mas o resultado expressivo seria completamente diferente, pois é em função desse desafio que o resultado coreográfico da cena emerge. E a liberdade aqui está presente justamente no desafio da limitação.

Ao contrário de Colker, *Floor on the Forest* propõe ao seu bailarino uma regra onde o movimento só pode se dar a partir do contato direto com o objeto. Contemporânea do Judson Dance Theater, Brown construiu uma série de danças que ficaram conhecidas como *equipment pieces,* ou "peças com equipamentos". Nesses trabalhos, que utilizam vários sistemas de suporte externos como cordas, bastões, cabos de segurança, entre outros, os equipamentos distorcem a visão de movimentos naturais, desafiando a relação do corpo com o peso e a gravidade. *Floor on the Forest* acontece em uma espécie de varal, uma estrutura quadrada de ferro que ampara uma rede de cordas que se cruzam a uma altura aproximada de um metro do chão. Essa rede sustenta grande quantidade de roupas (blusas, calças, bermudas etc.).

O objetivo dos bailarinos é construir uma movimentação que se dará unicamente a partir do contato direto com as roupas. Os bailarinos "vestem-se" com as roupas penduradas, entrando e saindo delas, criando uma coreografia ou, se preferir, uma trajetória que só pode acontecer em função desses objetos. Ao contrário de o objeto funcionar a partir da manipulação, do desejo do bailarino, o movimento acontece, neste caso, em função da presença do objeto: "Um par de meias, por exemplo, não são mais apenas meias, mas túneis enormes onde as pernas se embolam."[22]

Objetos que não podem ser tocados, objetos que precisam ser tocados, regras claras e precisas, um trabalho com o entorno do objeto, um outro trabalho por entre os e dentro dos objetos, assim o tema em questão se deu nos dois exemplos anteriores. No terceiro exemplo, que envolve a relação com os objetos, retornamos a *Sem Lugar*. Aqui se percebe que as regras são bem menos precisas, ou até mesmo inexistentes. Talvez em função disso esteja nesse exemplo mais clara a ideia da premissa inicial.

O objeto, ao impor uma regra, seja ela proposta pelo diretor, pelo intérprete ou pelo próprio objeto, permite que o artista experimente com liberdade criativa tudo aquilo que está ao seu alcance, justamente a partir do que o limita. Em *Sem Lugar*, os objetos surgem em diversos momentos do espetáculo, e, como afirma Baudrillard, há "[...] uma espécie de reversão, de desforra, quase de vingança do objeto, pretensamente passivo, que se deixou descobrir, analisar, e que subitamente se tornou polo de estranha atração e também de repulsa"[23]. Um pente, um regador, uma pedra, um laço de cabelo, uma embalagem de leite pasteurizado, um colchão, pneus, livros, um ovo, uma boneca de pilha que dança em uma ilha tropical... Esses são alguns dos objetos que "atuam" com os bailarinos.

Se, ao primeiro olhar, são todos objetos cotidianos com os quais estamos familiarizados, assim como a movimentação coreográfica, a dinâmica da relação que se desenvolve em cena com esses objetos não é nem um pouco familiar. Os pentes aqui despenteiam ou penteiam partes inusitadas do corpo. Na primeira cena do espetáculo, já mencionada, dois bailarinos utilizam esses pentes de maneira insólita, quando Marcela Rosa se despenteia, a princípio lentamente, avançando em um ritmo crescente que atinge a histeria. Ao seu lado, Alex penteia

---

22 S. Banes, *Greenwich Village 1963: Avant-Garde, Performance e o Corpo Efervescente*, p. 81.
23 *Senhas*, p. 52.

todos os pelos de seu corpo, os pelos do braço, do abdômen, das nádegas... A repetição constrói um percurso inusitado, que leva o público a um lugar que beira o cômico, mas que é também desconfortável. Em seguida, um laço enforca Ester Franca na cena inicial de frente para a parede. Mais adiante, surgem pneus que são utilizados como colares ou molduras e, apesar do grande desconforto, permitem que duas bailarinas cantem e rodopiem com esses "acessórios" inusitados pendurados aos seus pescoços. Um litro de leite, um ovo e depois pedras e mais pedras... Enfim, todos os objetos podem ser modificados em relação às suas funções originais, e então aqui a liberdade é absoluta. Os objetos não têm mais a função de produzir significados, mas sim de atuar na produção de sentidos.

Como aponta Bonfitto, o sentido pode ser visto como

> o efeito de um processo de conexão entre as dimensões interior e exterior do ator. Ou seja, desencadeado a partir não de conteúdos previamente estabelecidos, mas a partir dos elementos que envolvem a execução dos materiais de atuação. Tal processo envolve especificamente e primeiramente a relação entre o ator, pela globalidade de seus processos perceptivos, e tais materiais. É a partir de tal relação, que em muitos casos não é regida por uma rede semântica predeterminada, que o sentido pode ser produzido[24].

No caso do significado, completa Bonfitto, "a atuação do ator estará apoiada por uma rede semântica que o orienta, e que orienta, por sua vez, também, o espectador"[25]. Tal processo remete, por sua vez, a uma passagem em que Peter Brook se refere ao "objeto vazio":

> O ator pode nos fazer acreditar que uma garrafa de plástico pode se transformar em uma criança maravilhosa. É necessário um ator de grande qualidade para que ocorra a alquimia segundo a qual uma parte do cérebro vê a garrafa e outra parte do cérebro, sem contradição, sem tensão, e com prazer, vê o bebê, o pai segurando-a e a natureza sagrada dessa relação. Essa alquimia é possível se o objeto é tão neutro e comum que ele pode refletir a imagem que o ator dá a ele. Ele poderia ser chamado de "objeto vazio".

---

24 M. Bonfitto, *O Ator-Compositor*, p. 94.
25 Ibidem.

Percebe-se em *Sem Lugar*, nessa dinâmica com objetos que se esvaziam de seus significados originais e se tornam metáforas palpáveis, que cabe ao público passar a ser um parceiro na tarefa de atribuir um sentido ao que se produz, e fazer a sua leitura das relações entre bailarino e objeto, assim como cabe ao artista propor as regras – e obedecê-las – ou não.

O Espaço

> *Em vão tento me explicar, os muros são surdos.*
>
> CARLOS DRUMMOND DE ANDRADE[26]

Se, conforme Augé, os espaços de passagem são considerados como não-lugares, o *foyer* do teatro pode ser então um não-lugar. E é justamente nesse não-lugar transformado em "lugar de cena" pelo Primeiro Ato que começa o espetáculo.

Esse *foyer*, na entrada do teatro, é ocupado por uma caixa de madeira que tem vários buracos – espécie de "olhos mágicos" – que permitem ao público um *voyerismo* consentido. Dentro da caixa, um bailarino confinado, executando movimentos cotidianos (como andar, sentar, deitar...) apenas se deixa observar. Ora calmo, ora ansioso, ele parece buscar algo, não dentro dessa caixa, visto que esse é um espaço reduzido e sem escapatória, mas o que ele procura parece estar dentro de si mesmo. Segundo Suely Machado "a caixa era o universo de Drummond"[27], que dizia "quando estou na roça penso no elevador, quando estou no elevador penso na roça". Os múltiplos olhares fornecidos pelos diversos buracos fazem com que o público tenha mais de um ponto de vista dessa cena, às vezes distorcido ou fragmentado. A música de sanfona, tocada ao vivo do lado de fora da caixa, toca para o público. Já o bailarino, que de certa forma se transforma em um "corpo-objeto-sujeito", ou seja, um corpo que é, ao mesmo tempo, objeto e sujeito de si mesmo, segue indiferente e alheio ao que acontece a seu redor.

---

26 A Flor e a Náusea, *A Rosa do Povo*, p. 13.
27 Entrevista à autora.

No palco, a parede ou muro que constitui a única peça fixa do cenário é revestida por um material normalmente utilizado em pisos. Sendo assim, toda a movimentação que acontece nessa parede, se for olhada através de outra perspectiva, pode ser vista como se o público olhasse de cima e visse os bailarinos deitados, movimentando-se sobre o chão.

São várias as molduras que delimitam o espaço cênico: em primeiro lugar, a moldura do palco, do proscênio; depois a moldura da parede de madeira e, por último, diversas molduras de luz que vão se formando e se transformando em cena.

A luz, predominantemente geométrica, tem a assinatura de Jorginho de Carvalho, parceiro de outras montagens[28] do Primeiro Ato. A concepção de Carvalho definiu uma iluminação predominantemente branca, com poucas cores. Uma luz que não interfere na plástica do espetáculo, mas torna-se reveladora. A iluminação frontal na parede de madeira, que não explora profundidade, corroborou a ideia da mobilidade de perspectivas visuais. Para Carvalho, "a linguagem do Primeiro Ato não é balé, existe uma dramaturgia. A luz tem que acompanhar essa dramaturgia, não basta seguir o corpo em movimento"[29].

Essa iluminação, que definitivamente tem um lugar e que dialoga com os elementos concretos que permeiam as cenas, como a terra, a água, e as pedras, colabora para que uma atmosfera surreal se fortaleça, como nas cenas fragmentadas e não lineares que atravessam o espetáculo. As pedras (de Drummond) não ficam no meio do caminho, mas fazem o próprio caminho. A montagem, que não obedece a uma estrutura lógica, configura a textura de uma colcha de retalhos, na qual o *patchwork* não mantém necessariamente costurada uma peça ao lado da outra, mas, muitas vezes, há peças sobrepostas, confundindo propositalmente o espectador.

Essas características descritas acima fundem não somente a dança com a poesia, mas a dança com o teatro chamado "pós-moderno", cuja sobreposição de "peças" provoca uma superabundância cênica, gerando assim uma espécie de "espaço de

---

28 *Carne Viva, Isso Aqui Não É Gotham City* e *Beijo*… foram também iluminados por Jorginho de Carvalho.
29 Entrevista à autora.

FIG. 2: *Primeiro Ato*, Sem Lugar.

coexistência"[30], onde cada bailarino ocupa seu espaço, tanto objetivo quanto subjetivo: "o espaço do corpo é o corpo tornado espaço"[31].

A frase de Gil nos remete a outra referência de Trisha Brown, em que o uso do espaço é também pouco convencional, possibilitando que o corpo se torne espaço e o espaço se torne corpo. Em *Spanish Dance*, coreografia dos anos de 1970, dez bailarinas vestidas de branco começam em uma fila indiana. A música tem início e elas começam a deslocar-se, caminhando em linha reta, rebolando suavemente os quadris e arrastando os pés; aos poucos vão se unindo, comprimindo-se, espremendo-se até se transformar em uma espécie de centopeia gigante. A coreografia termina quando essa "centopeia humana" se choca com a parede. Tudo acontece no tempo de uma canção e no espaço de um corredor.

No que diz respeito ao Primeiro Ato, a diretora Suely Machado afirma[32] que as escolhas feitas para cada montagem do grupo mineiro não são casuais, mas frutos de experimentações em que o resultado tem uma importância fundamental. Uma questão que emerge dessa superabundância ou excesso de elementos no palco parece ser: qual é o espaço deixado para o vazio e para o silêncio?

O Tempo

De volta à caixa do *foyer* que continha um bailarino exposto por pequenos buracos, somada aos bailarinos em cena aberta dentro do teatro, a cena acontece antes mesmo da entrada do público na plateia. Isso faz com que esse público seja privado daquilo que Pavis denomina como "tempo iniciático"[33], um tempo que seria de transição, de ambientação. Surge, no entanto uma questão: pode o público usar esse momento do

---

30 Esse termo foi inicialmente extraído da obra de José Gil.
31 J. Gil, *Movimento Total*, p. 37.
32 S. Machado, op. cit.
33 Segundo Pavis, o tempo iniciático é uma espécie de tempo solene "que garante a passagem de um tempo social para um tempo apropriado à obra e à sua recepção, ele mistura o tempo real do espectador e o tempo ficcional do jogo teatral". Op. cit., p. 402.

foyer como o seu tempo iniciático? Menos importante do que tentar responder a essa questão, visto que esse tempo se dá de diferentes formas para cada pessoa, é perceber que, ao tocar o terceiro sinal, o espetáculo já há muito foi iniciado, e o seu ritmo já foi estabelecido.

Esse início abrupto antecipa que o espetáculo acontecerá em um tempo diferente do tempo real. Mais próximo de um tempo onírico: ritmo, luz, cenário e espaço obedecem a essa atmosfera de sonho, que às vezes ganha formas de pesadelo. Nesse tempo dilatado, assim como o da poesia drummondiana, a trilha musical joga com a velocidade das cenas. O repertório musical do espetáculo transita entre o erudito e o popular, vai da música regional para o rock contemporâneo, da canção folclórica à música eletrônica. Essa trilha tem, assim como Drummond, uma essência atemporal:

> Drummond é, nesse sentido, um clássico moderno. O equilíbrio entre o passado e o presente, que é assimilado e superado, é a principal característica desse *lutador* que sempre esteve no meio do caminho, nunca à margem, sempre em progressão, por isso *não-estar* já sendo ou um *não-estar-estando*.[34]

Há na trilha musical de *Sem Lugar* a presença de compositores latino-americanos, convivendo lado a lado com a música eletrônica, assim como uma balada *pop* norte-americana dialoga com uma sanfoneira tocando ao vivo. Essa trilha eclética corrobora a pluralidade coreográfica e a simultaneidade das cenas. A música está presente em todo o espetáculo. Mas se existem músicas e sons, existe também o silêncio.

É importante mencionar, nesse caso, que o silêncio não significa a ausência de sonoridade. Ao contrário, como define Orlandi, "o silêncio é fundador, aquele que existe nas palavras, que significa o não dito e que dá espaço de recuo significante, produzindo condições pra significar"[35]. A existência de sons é sempre presente e nem sempre interfere com esse silêncio interno, que é capaz algumas vezes de suspender o movimento. O silêncio mais agudo do espetáculo talvez aconteça na cena

---

34 G.M. Teles, *Drummond: A Estilística da Repetição*, p. 26.
35 *As Formas do Silêncio*, p. 24.

em que Marcela Rosa entra no fundo do palco, descabelada, segurando em uma das mãos uma pedra e em outra um regador. Ela se coloca em um quadrado de areia, demarcado por outro quadrado de luz, deposita calmamente a pedra no chão, e sem pressa começa a regá-la. Essa cena se prolonga por mais de quatro minutos. Enquanto a personagem esvazia seu regador de toda água para regar uma pedra, ela própria parece estar se esvaziando. Há música, assim como há entradas e saídas de outros bailarinos, que dançam e dividem o espaço cênico, enquanto imparcialmente a pedra vai sendo regada. O barulho exterior é alto, mas o silêncio desse momento é ainda mais alto, e talvez (não coincidentemente) essa imagem seja uma das mais impactantes de todo o espetáculo.

A insistência da música onipresente pode ser incômoda e excessiva em alguns momentos, e deixa o público desejoso de um silêncio absoluto em que se possa escutar apenas a poesia dos movimentos. Mas *Sem Lugar* não termina com o fim do espetáculo do Primeiro Ato, o público pode seguir em seu próprio silêncio, e abrir espaço para suas próprias indagações, seus lugares, sem-lugares e não-lugares. Assim, através dessa costura assimétrica, que sobrepõe os tecidos do tempo, do espaço, do corpo, do texto e dos objetos, uma rede é construída. O lugar é demarcado e se apresenta, mas propositalmente deixa frestas, então, o certo escapa e abre espaço para o incerto, aquilo que podemos entender como o lugar de passagem ou o não-lugar.

O NÃO-LUGAR

A fim de examinar a dimensão de não-lugar, neste caso, se faz necessária uma pequena digressão. Buscar analisar imparcialmente um espetáculo é uma tarefa árdua, se não impossível. O espetáculo é analisado sempre a partir da perspectiva do analista, por mais que seja amparado por instrumentos de pesquisa que o auxiliem a realizar a sua tarefa, está impregnado pelo seu próprio repertório e por suas referências pessoais. Segundo Merleau-Ponty, "ao mesmo tempo é verdade que o mundo é *o que vemos* e que, contudo, precisamos aprender a vê-lo"[36]. Sendo assim, é

36 *O Visível e o Invisível*, p. 17.

FIG. 3: *Cena da qudrilha.*

necessário desaprender o que se sabe, buscar olhar o objeto que está sendo analisado com olhos de criança, de quem está vendo algo pela primeira vez. E ir além disso, compreender que "é próprio do visível ser a superfície de uma profundidade inesgotável: é o que torna possível sua abertura a outras visões além da minha"[37].

Dentre os aspectos a serem tratados, como já foi visto, o espaço exerce um papel fundamental neste estudo. De acordo com Augé, o espaço do viajante seria o arquétipo do *não-lugar*[38], como se o ato de viajar colocasse o viajante numa posição transitória e parcial, onde o que é possível construir não é, senão, uma série de "instantâneos" que se somam à sua memória; esta por sua vez, é elaborada a partir de uma relação fictícia entre o olhar e a paisagem. Augé acrescenta

que existem espaços onde o indivíduo se experimenta como espectador, sem que a natureza do espetáculo lhe importe realmente. Como

37 Ibidem, p. 139.
38 Op. cit., p. 81.

se a posição do espectador constituísse o essencial do espetáculo, ou seja, em definitivo, o espectador, em posição de espectador, fosse para si mesmo seu próprio espetáculo.[39]

É importante reforçar que o *lugar* definido aqui é o lugar do sentido inscrito e simbolizado, o lugar antropológico, conforme define Augé[40]. Desse modo, o não-lugar seria menos o oposto do que a ausência de lugar: "O lugar e o não-lugar são antes polaridades fugidias: o primeiro nunca é completamente apagado e o segundo nunca se realiza totalmente"[41]. Sendo assim, ao buscar compreender o lugar e o não-lugar, se faz necessário abrir novos questionamentos: o sem-lugar seria uma terceira via entre o lugar e o não-lugar? O que faz com que o espetáculo em questão pertença a um universo sem-lugar em vez daquele do lugar ou do não-lugar? Sem-lugar pode ser configurado como uma categoria de lugar e também do não-lugar?

Pensando na parte final deste último capítulo como uma viagem pelo espetáculo que está sendo analisado, suas múltiplas texturas e infinitas camadas, é preciso voltar o foco para a sua matéria-prima vital, ou seja, o corpo e aquilo que dele não se pode separar – o movimento.

Novamente o Corpo Singular-Coletivo ou Corpo Paradoxal

São muitos os Drummonds e são muitos os seres ficcionais presentes nesse espetáculo. Cada corpo dos intérpretes de *Sem Lugar* conta com a sua linguagem pessoal, sua formação técnica original, seu histórico e a sua bagagem expressiva. O que une o elenco desse espetáculo, então? O que transforma esses "seres indivíduos" em um "organismo coletivo"? Seria óbvio dizer que é a poesia de Drummond a causa desse processo. Ou, então, que as aulas de técnicas variadas ministradas para o grupo são a linha que costura esse elenco, fazendo-o falar uma única língua nesse espetáculo. Mas não parece que essa seja a melhor

---

39   Ibidem.
40   Ibidem, p. 76.
41   Ibidem, p. 74.

resposta; e nem se pode constatar, de fato, que os bailarinos falem a mesma língua durante todo o espetáculo.

No entanto, se realmente existe um diálogo entre os bailarinos e "suas danças" nesse trabalho, tal diálogo não se dá necessariamente por uma via de complementaridade; ao contrário, o que é visto em cena, muitas vezes, é um diálogo de oposições. Como, por exemplo, logo na primeira cena do espetáculo, quando entra a música pela primeira vez, o bailarino Alex Dias executa uma coreografia traçando uma diagonal no palco. A sequência de passos que ele desenvolve é pontuada por pausas e repetições, e pode ser facilmente identificada como uma dança que tem uma movimentação reconhecidamente contemporânea (saltos, rolamentos, quedas e recuperações). Ao mesmo tempo, a bailarina Andrea Anhaia permanece deitada em repouso absoluto, Marcela Rosa se descabela num ritmo crescente e Ester França desenvolve um diálogo com a parede, de costas para o público. Assim, a dança e o teatro não dão vida simplesmente a um diálogo complementar, mas repleto de contradições, cujo equilíbrio é muitas vezes instável e precário. Trabalhar em um terreno movediço, onde a dança e o teatro se encontram, pode provocar questionamentos quanto à realização de um ou de outro. Sendo assim, o elenco caminha numa corda bamba, e se ele não cai, é graças a uma direção que procura dar uma unidade, um lugar de fato, à obra, sem deixar que ela se transforme em uma estrutura monorrítmica e achatada.

O elenco original, coautor do espetáculo, experimenta um jogo de dinâmicas corporais rico e sofisticado, muito embora para um olhar leigo a movimentação pareça simples e descomplicada. De fato, a dança em *Sem Lugar* é simples, mas não se pode confundir simplicidade com ausência de valor, nem descomplicado com falta de complexidade. O corpo e o movimento em questão atingem finalmente aquilo que pode ser considerado "movimento orgânico" ou "movimento preenchido". Retornando a José Gil, é possível encontrar ressonâncias em seu conceito de "corpo paradoxal":

> O corpo do bailarino desdobra-se no corpo-agente que dança e no corpo-espaço onde se dança, ou antes, que o movimento atravessa e ocupa. Para que a dança – e já não a possessão – comece, é necessário

que já não haja espaço interior disponível para o movimento; é necessário que o espaço interior despose tão estreitamente o espaço exterior que o movimento *visto* de fora coincida com o movimento vivido ou visto do interior.[42]

O ponto a ser ressaltado aqui é a tentativa de comunicação com o público numa lógica que não é a da declamação ou da dança figurativa, mas sim a lógica da dança que se mistura com elementos de teatralidade. A lógica das analogias, das metáforas e da poesia.

As Metáforas, a Poesia

Ao ministrar uma palestra em uma universidade norte-americana, Jorge Luis Borges falou que o gosto da maçã não estava nela mesma. O escritor argentino explicou que a maçã não pode ter gosto por si mesma, tampouco na boca de quem a come. "É preciso um contato entre elas."[43] É esse contato, da boca com a maçã, do artista com a plateia, que faz o gosto emergir – e as metáforas existirem.

As metáforas são criadas a partir da relação entre duas coisas diversas, que unidas dão sentido a uma terceira coisa. Sabe-se que a etimologia da palavra "metáfora" é grega e significa "mudança, transposição", de acordo com o *Dicionário Houaiss*. Para os filósofos Lakoff e Johnson, ela pode ser entendida como algo que vai além da comunicação verbal. Nas palavras de Borges: "Talvez a mente humana tenha uma tendência a negar declarações... argumentos não convencem ninguém. Não convencem ninguém porque são apresentados como argumentos. E então os contemplamos, e refletimos sobre eles, e os ponderamos, e acabamos decidindo contra eles."[44]

Embora Borges afirme que a mente humana é mais hospitaleira àquilo que é sugerido e contrária ao que é argumentado, ainda assim, é possível também ir contra as metáforas de Drummond ou, ainda, ir contra as metáforas construídas em

---
42 Op. cit., p. 49
43 *Esse Ofício do Verso*, p. 12.
44 Ibidem, p. 40.

Sem Lugar, uma vez que nem todas serão aceitas ou mesmo compreendidas. Enquanto um poeta tem a linguagem verbal para desenvolver as suas metáforas, o bailarino dispõe de seu corpo e do diálogo que constrói com os objetos, com o cenário e também com os outros bailarinos para realizar as suas próprias metáforas. Greiner expõe que:

> A sistematicidade que nos permite entender um aspecto de um conceito em termos de outro vai necessariamente indicar outros aspectos do mesmo conceito. Por isso, ideias são objetos, expressões linguísticas são como recipientes de conceitos, e a comunicação é a ação de enviar, de transportar. Ou seja, a comunicação, pela sua própria natureza de operar como uma espécie de "transportadora", já cria novas metáforas organizando o trânsito entre a ação e a palavra, entre dentro e fora do corpo, e assim por diante.[45]

Desse modo, como se dá a metáfora nesse espetáculo? Quando o Primeiro Ato se propõe a fazer da poesia, ou melhor, do universo poético de Drummond, um espetáculo de dança, ele está inevitavelmente propondo desenvolver metáforas expressivas a partir de metáforas linguísticas. Emergem, então, outras perguntas: por onde passa a construção de correspondências entre tais metáforas? É possível falar em "tradução" da poesia para o movimento? Ou mesmo em "correspondências"?

Quando duas bailarinas vestidas de roupas de festa dos anos de 1950 entram em cena, cantando uma música em um idioma irreconhecível, rodopiando lado a lado e cada uma com um pneu em seu pescoço, qual analogia com o universo de Drummond é possível ser feita?

O que o Primeiro Ato parece "falar" nessa cena, assim como em outras, é que antes de estar sem-lugar, Drummond estava fora do lugar-comum. Sua poesia não é construída simplesmente a partir do belo e do agradável, assim como dançar, cantar e rodopiar com um pneu no pescoço não é exatamente belo nem agradável. Para os bailarinos, o coreógrafo e a diretora que criaram a cena referida existe uma explicação coerente e lógica para os pneus, para os vestidos de festa, assim como para a música que é cantada. Segundo Machado, a música tem um idioma incompreensível porque é cantada de trás pra frente,

---

45   *O Corpo: Pistas Para Estudos Indisciplinares*, p. 45.

"uma brincadeira que se faz no interior de Minas", e as roupas suntuosas com um pneu de borracha como ornamento, jogam com a ideia de uma sociedade carioca decadente que "come peru, mas arrota faisão"[46]. Mas para o público a tarefa de entender ou decodificar o que se passa é mais complicada. Pode até dar prazer, mas com certeza dá trabalho, e talvez o público nunca chegue a perceber os fatos descritos acima, que estão na origem dessa cena. É necessário completar os espaços vazios, suportar a dúvida e viajar pelo desconhecido. Suportar a sensação incômoda do não pertencer, do sem-lugar.

Borges fala de certa natureza dupla da poesia, de uma arte que pode ser considerada híbrida, visto que ela é uma modificação da prosa, uma espécie de transformação dentro da literatura. Para o escritor argentino, de certo modo a poesia se aproxima mais facilmente do homem comum, do homem das ruas, uma vez que ela é feita de palavras e as palavras são a matéria-prima do poeta, assim como o dialeto da vida.[47]

Quando esse universo da poesia, que já tem um componente híbrido estrutural, é transposto para a cena contemporânea, que também tende a ser fortemente híbrida, como é possível fazer para que aqueles que não leram a obra de Drummond possam "entender" *Sem Lugar*? Talvez, como aponte Borges, o sentido não importe, "o que importa é uma certa música, um certo modo de dizer as coisas".[48] Nesse caso, talvez a música à qual Borges se refere nem necessite estar presente, basta que o público a sinta, ou que ele a invente. Em *Sem Lugar*, a música de Drummond é real, assim como também é real a sua dança e o seu teatro. Mais do que entender, portanto, o público experimenta fruir o espetáculo.

Kátia Rabello apontou que frequentemente se depara com um público que sai dos espetáculos do grupo comentando não ter "entendido" nada. Para Rabello, isso acontece porque, diferentemente de muitos espetáculos de dança, o entendimento das obras do Primeiro Ato se dá por um viés teatral: "Mas o teatro que existe no nosso grupo não é um teatro convencional,

---

46 Op. cit.
47 J.L. Borges, op. cit., p. 83.
48 Ibidem, p. 125.

FIG. 4: Sem Lugar.

linear, com início, meio e fim."[49] O teatro que está presente na dança do grupo mineiro aparece nas entrelinhas. É uma teatralidade que existe não pelo texto que é falado, mas pela força daquilo que ela mostra, assim como o que deixa de mostrar. Pelo seu movimento, e por tudo o que está em cena, mas que não é necessariamente verbalizado, pela força daquilo que está presente sem precisar ser dito.

É nítido, por exemplo, quando se relaciona a metáfora com a dança, a semelhança que se pode estabelecer com os conceitos elaborados por Artaud. Como aponta Bonfitto: "ele buscou instaurar um processo de metaforização da palavra a partir da construção de imagens que deveriam acompanhar sua execução"[50]. É evidente a influência do artista francês no desenvolvimento da cena teatral no século XX, sua negação em relação à predominância da palavra, assim como o alargamento das matrizes do espetáculo: o movimento, a voz e as

49 Entrevista à autora.
50 Op. cit., p. 55.

sonoridades da música, a luz, o figurino e o espaço. Conduzir o pensamento de Artaud para determinadas cenas de *Sem Lugar* não é uma tarefa difícil, desse modo, poder-se-ia dizer que a seguinte citação vem precisamente ao encontro da busca de pertencimento, de um lugar:

> Pois todo este magnetismo, toda esta poesia e estes meios diretos de encantamento nada seriam se não pusessem de fato o espírito na via de qualquer coisa, se o autêntico teatro não pudesse dar-nos o sentido duma criação de que apenas possuímos uma face, mas que se completa em outros planos. E pouco importa se esses outros planos sejam realmente conquistados pelo espírito, quer dizer pela inteligência; dar importância a isso seria diminuí-los e não tem sequer interesse nem sentido. O que importa é que, por meios seguros, a sensibilidade seja posta num estado de percepção mais profunda e mais aguda, eis o objetivo da magia e dos ritos, de que o teatro é apenas um reflexo.[51]

Tal exploração poética descrita por Artaud pode ser reconhecida em *Sem Lugar*, assim como é possível perceber, quando considerada a direção e o processo criativo de *Sem Lugar*, relações intrínsecas com os *impulsos*, a que Grotowski se refere como algo que acontece de dentro para fora no corpo do ator. Esses impulsos são solicitados constantemente por Suely Machado tanto na criação quanto na execução da dança do bailarino do Primeiro Ato.

A cena final, por exemplo, em que os bailarinos realizam uma espécie de quadrilha e dançam trocando de pares em encontros e desencontros contínuos, remete a uma passagem de Grotowski na qual o diretor polonês se refere à tarefa do teatro em relação à literatura:

> A essência do teatro é um encontro. O homem que realiza um ato de autorrevelação é, por assim dizer, o que estabelece contato consigo mesmo. Quer dizer, um extremo confronto, sincero, disciplinado, preciso e total – não apenas um confronto com seus pensamentos, mas um encontro que envolve todo o seu ser, desde seus instintos e seu inconsciente até o seu estado mais lúcido.[52]

---

51 A. Artaud, *O Teatro e o Seu Duplo*, p. 89.
52 *Em Busca de um Teatro Pobre*, p. 41.

Referiu-se até este momento aos processos mais explicitamente expressivos produzidos pelos bailarinos de Sem Lugar. É preciso ressaltar agora que eles não esgotam absolutamente o fenômeno cênico produzido nesse caso. De fato, há uma porção significativa do espetáculo que envolve ocorrências expressivas não descritíveis. Ou seja, há momentos em que prevalece o que poderia ser referido como o território do não dito.

O Vazio, o Silêncio e o Não Dito

Ao contrário, essa obra faz parte de uma expressão artística que pergunta muito mais do que responde, que confunde mais do que explica; assim como o teatro contemporâneo, tira o público da sua posição confortável de espectador passivo e o coloca na complexa posição de parceiro na construção de sentido e significado da obra. Sendo assim, o vazio que existe em *Sem Lugar* não é o vazio do nada, da ausência de preenchimento, mas é um vazio fértil, pleno, e que pode ou não ser ocupado conforme o desejo de seu público. Esse público, por sua vez, é, como vislumbrou Grotowski, um parceiro, corresponsável pela realização da obra de arte.

Baudrillard afirma que "toda 'transparência' traz imediatamente a questão do seu contrário: o segredo".[53] Da mesma forma é possível entender que tudo o que é dito também traz à tona seu contrário, ou seja, aquilo que não é dito.

O não dito não deve ser reduzido simplesmente à ausência das palavras, o silêncio tampouco. Para Orlandi, "a linguagem estabiliza o movimento dos sentidos. No silêncio, ao contrário, sentido e sujeito se movem largamente"[54]. Sendo assim, se o discurso pode se dar via movimento, o silêncio também pode, e isso transforma a compreensão do vazio da linguagem em um horizonte imensurável de possibilidades e de significações, o contrário de um "nada" ou de uma falta.

Mundo Perfumado, por exemplo, espetáculo do Primeiro Ato que seguiu *Sem Lugar*, buscava falar do excesso em nossa

---

53 Op. cit., p. 35.
54 Op. cit., p. 27.

sociedade. Visto que esse tema é bastante complexo e abrangente, o grupo criou um espetáculo que passeava por várias questões, mas, assim mesmo, como em um passeio descompromissado, não se fixava em nenhuma e assumia a superficialidade da contemporaneidade. A opção foi por uma dança mais virtuosa e um tanto "exibicionista", que de certo modo parecia "sobrar". Os bailarinos exibiam suas técnicas, o cenário propunha uma espécie de *lounge* e a iluminação tinha cores fortes e contrastantes. Já em *Sem Lugar* não há sobra, há uma "economia mineira" que busca usar somente o necessário, seja nas palavras, seja nos movimentos. E, assim como o silêncio não está apenas entre as palavras, mas através delas, em *Sem Lugar* ele não acontece somente entre os movimentos ou nas pausas, mas atravessa o movimento, nas frestas e fissuras de cada momento.

Sendo assim, a arte parece jogar constantemente com questões localizadas nas entrelinhas. Normalizar o que não é normal: pneus de carro como colares no pescoço, regar pedras, caminhar com livros nas costas. Poetizar o que é banal. Tudo o que o poeta quer dizer com seus versos parece ser justamente aquilo que ele deixa de dizer. Para Manoel de Barros o nada é material para poesia. Drummond indaga: "mas haverá lugar para poesia?".[55]

O não dito, as metáforas, a poesia, o vazio e o silêncio, esses elementos talvez sejam pontes para que se consiga apalpar o invisível. Algo que não se vê, mas que se intui e se percebe. Como o que não é dito ao se regar uma pedra, ou ao realizar uma dança em que a bailarina parece costurar pedaços do seu corpo. Perder-se para poder se reencontrar.

O LUGAR ONDE ESTAMOS – TEATRO E DANÇA

Conforme aponta Augé, o lugar pode ser visto como identitário, relacional e histórico; já o não-lugar seria para ele um espaço que não pode ser definido como identitário nem como

---

[55] Apud L. Maria, *Drummond: Um Olhar Amoroso*, p. 21.

relacional ou como histórico[56]. Entretanto, é possível pensar em não-lugar sem pensar em lugar?

Ao considerar que o próprio nome *não-lugar* traz em si o *lugar* embutido, assim como o sem-lugar o traz, o não-lugar, portanto, não pode ser um ponto fixo, estável. Este não-lugar é um fluxo constante de passagens, um devir, uma simultaneidade de *estar* e *não estar*, cuja propriedade, como afirma Deleuze, seria um constante "furtar-se do presente". E se, por sua vez, o sem-lugar é também um não estar, uma ausência interna que transborda para o exterior, caberia outra pergunta: o sem-lugar poderia ser percebido como algo que desloca o ser humano para um "lugar", no sentido simbólico, que está mais relacionado com a realidade interior do que com a espacial e geográfica?

Independentemente das respostas possíveis a essas perguntas, que podem se desdobrar infinitamente, são perceptíveis em tais questões sentidos paradoxais que funcionam como ecos. Nesse ponto, cabe ressaltar que esses ecos parecem permear a obra do Primeiro Ato e se materializam na teatralidade presente em seus espetáculos.

Sobre a Teatralidade

Refletindo sobre o percurso descrito anteriormente, que definiu o discurso desenvolvido neste livro, percebe-se, dentre outras coisas, algumas questões ainda não examinadas. Algumas delas podem ser respondidas com clareza e outras, mais complexas, permanecerão abertas. Dentre as mais objetivas: o que fica desse mergulho em *Sem Lugar*? A que lugar chegamos? De fato existe uma teatralidade na dança do espetáculo analisado? Para Roland Barthes, por exemplo, a teatralidade

é o teatro menos o texto, é uma espessura de signos e de sensações que se edifica em cena a partir do argumento escrito, é aquela espécie de percepção ecumênica dos artifícios sensuais, gestos, tons, distâncias, substâncias, luzes, que submerge o texto sob a plenitude de sua linguagem exterior".[57]

---

56 M. Augé, op. cit., p. 73.
57 R. Barthes, apud P. Pavis, op. cit., p. 372.

Já para Pavis a teatralidade seria um conceito que "tem algo de mítico, de excessivamente genérico, até mesmo idealista e etnocentrista"[58]. Sendo assim, sabe-se que este é de fato um termo polissêmico, como aponta Sílvia Fernandes, um conceito plural, tal como a própria dança contemporânea, que cabe dentro do enorme guarda-chuva que abarca o que Lehmann definiu como o teatro pós-dramático, e Féral como teatro performativo, ou seja, um vastíssimo repertório que vai do teatro-dança de Pina Bausch ao teatro visual de Bob Wilson, passando por nomes como Tadeuz Cantor, Arianne Mnouchkine, Alain Platel, dentre outros.

O que ocorre muitas vezes, porém, a respeito principalmente de algumas vertentes coreográficas da dança contemporânea, é que esse "algo" excessivamente genérico, mítico e idealista, deságua em uma espécie de teatralidade estéril (não confundir com a antiteatralidade) que parte, *a priori*, da mistura de ingredientes potentes que deveriam garantir um prato saboroso, mas que termina por se tornar em uma refeição insossa e indigesta.

De acordo com Pavis, a despeito da massiva e diversa produção cênica atual é possível definir dois principais vetores na leitura da teatralidade. O primeiro vetor é aquele da *teatralidade denegada*, que se apoia na figuração naturalista e nos efeitos do "real", amparada na construção verossímil da ação, das personagens, do diálogo[59]. O segundo vetor, em oposição direta ao primeiro, seria o da *teatralidade da convenção consciente*, aquele que foge do real e busca uma reconstrução do espaço cênico, abstrato, fugidio e, por vezes, ritual. É nesse último que podemos enxergar a obra *Sem Lugar* com toda sua multiplicidade de leituras.

A Antiteatralidade e a Dança Performativa

O conceito de "antiteatralidade", conforme examina Martin Puchner, foi responsável pela definição de mudanças significativas no teatro moderno, provocando a quebra de paradigmas e

---

58 Ibidem.
59 Ibidem, p. 116.

rompendo com princípios vigentes da cena teatral. A mediação tecnológica ou a midiatização do teatro, a resistência ao pessoal, ao indivíduo, ao humano e ao mimético deram espaço para o nascimento de um novo teatro. No entanto, o próprio Puchner aponta que o processo de ruptura foi acionado também em nível intratextual, ou seja, internamente ao universo teatral, e, desse modo, pode ser compreendido como uma espécie de vertente da teatralidade[60].

Na dança contemporânea nacional, um bom exemplo dessa resistência à teatralidade pode ser reconhecido no trabalho desenvolvido pelo coreógrafo uruguaio, radicado em Santa Catarina, Alejandro Ahmed. À frente do grupo Cena 11, Ahmed constrói espetáculos que associam a violência extrema à alta tecnologia, dando vazão a uma movimentação expandida e brutal que expõe o bailarino a riscos corporais, levando-o ao limite da resistência física e emocional.

A influência do movimento *punk* pode ser percebida não somente pelos figurinos escuros, maquiagem pesada e pela música característica, mas também pela atitude contestadora e provocadora de suas obras. A utilização da alta tecnologia é também um recurso recorrente na obra do Cena 11, em que monitores de vídeos em cena multiplicam os corpos dos bailarinos, dirigindo-se não somente ao público, mas aos próprios bailarinos, que assistem aos seus duplos em cena.

Embora seja possível perceber influências culturais e artísticas europeias e norte-americanas no circuito nacional – como as do grupo canadense La La La Human Steps e do belga Ultima Vez, dirigido por Wim Vandekeybus –, o grupo catarinense encontra-se em um patamar isolado da cena brasileira de dança contemporânea.

Em contraste com as especificidades colocadas acima, o espetáculo *Sem Lugar* apresenta, conforme é possível observar pelas cenas já examinadas, numerosas características do teatro performativo, como Féral o denomina.

De fato, a noção de performatividade não entra em choque com a noção de teatralidade da convenção consciente de Pavis, tampouco, com a de teatro pós-dramático de Lehmann. Como

60 Cf. *Stage Fright*.

aponta Féral, o teatro performativo insiste no aspecto lúdico do discurso sob suas múltiplas formas, ele navega "para além das personagens evocadas, ele impõe o diálogo dos corpos, dos gestos e toca na densidade da matéria...". E o que seria então o trabalho de *Sem Lugar* se não uma espécie de dança performativa? Dessa questão, nasce outra: o que seria uma dança performativa?

Assim como não é possível definir um modelo para o teatro performativo, visto que as características que o definem são, de certo modo, as mesmas que dificultam a sua definição (sua multiplicidade, sua condição híbrida e fugaz), a dança performativa também não pode ser categorizada em um modelo específico. No entanto, é possível elencar algumas características que permitam desenhar uma silhueta do que se pretende chamar como tal, por exemplo, a exploração de procedimentos expressivos que escapam da representação, assim como a instauração de dinâmicas processuais que ampliam vertiginosamente as possibilidades de significação. Seriam esses os princípios recorrentes dessa dança?

Amizades Gauches

> Se no presente não há amigos, façamos então que os haja daqui em diante, amigos dessa "amizade soberana e senhora". É a esses futuros amigos que apelo, respondam-me, essa é nossa responsabilidade. A amizade não é nunca uma coisa dada no presente, ela faz parte da experiência da espera, da promessa ou do compromisso. Seu discurso é o da oração, ele inaugura, não constata nada, não se contenta com o que é, se coloca no lugar onde uma responsabilidade se abre ao futuro.
>
> JACQUES DERRIDA[61]

A partir dos pontos de vista abordados nesse ensaio, é possível perceber a teatralidade na obra do Primeiro Ato, e isso foi reconhecido através de vários fatores. *Sem Lugar* pode ser considerado um território, onde o fluxo da dança, da poesia e do teatro está vivo e pulsante. Em sintonia com Barthes, evidencia-se,

61 *Políticas da Amizade.*

FIG 5: *Alex Dias em* Sem Lugar.

nesse espetáculo, a presença de um teatro que não utiliza o texto dramático como matriz única de significações, e que se configura, ao mesmo tempo, como uma dança que não está presa aos passos coreografados. A fusão das duas artes surge de forma potente e se afirma como um amálgama que ocupa um lugar inscrito e simbolizado, onde é intrínseca a tensão constante entre o ser e o não-ser, entre a dança e o teatro, que enfatiza o "estar, ao mesmo tempo, na roça e no elevador...".

Finalmente, este é um estudo apaixonado, mas que buscou, ao mesmo tempo, criticar e levantar questões construtivas, a fim de enriquecer o debate sobre o tema analisado, ou seja, a teatralidade na dança e, mais especificamente, na dança do Primeiro Ato, presente em *Sem Lugar*. A amizade aqui estabelecida não é *gauche*, tampouco é uma amizade clandestina. A relação entre a dança e o teatro em *Sem Lugar* pode ser vista como uma amizade rica e complexa, com altos e baixos, bons momentos e outros nem tanto... assim como as verdadeiras amizades.

Referências Bibliográficas

Entrevistas

ALEX DIAS, bailarino e coreógrafo. Belo Horizonte: 20 set. 2006.
ARNALDO ALVARENGA, coreógrafo e professor. Belo Horizonte: 29 set. 2006.
GLÓRIA REIS, historiadora. Belo Horizonte: 20 set. 2006.
JORGINHO DE CARVALHO, iluminador. Campo Grande: 4 nov. 2007.
KÁTIA RABELLO, ex-bailarina e fundadora do grupo Primeiro Ato. São Paulo: 30 mar. 2009.
MARCELA ROSA, bailarina. Belo Horizonte: 29 set. 2006.
PAULA DAVIS, bailarina e produtora. Belo Horizonte: 29 set. 2006.
PAULINHO POLIKA, diretor. Belo Horizonte: 28 set. 2006.
SÉRGIO PENNA, ator. Belo Horizonte: 27 set. 2006.
SUELY MACHADO, coreógrafa, diretora e fundadora do grupo Primeiro Ato. Belo Horizonte: 20 set. 2006 e 7 mar. 2009.
TUCA PINHEIRO, bailarino e coreógrafo. Belo Horizonte: 28 set. 2006.

Artigos em jornais

ANUNCIAÇÃO, Miguel. *Hoje em Dia*, 27 abr. 1999.
KATZ, Helena. Espetáculo Foge do Literal, Mas Ainda Falta Conexão. *Estado de S. Paulo*, São Paulo, 19 jun. 2002.
NEVES, Vitória. Grupo Primeiro Ato Dança Toda a Loucura de *Gotham City*. *Estado de Minas*, Belo Horizonte, 17 jun. 1992.

DVDS

Beijo nos Olhos... na Alma... na Carne... Acervo do grupo de dança Primeiro Ato.
Carne Viva. Acervo do grupo de dança Primeiro Ato.
Isso Aqui Não É Gotham City. Acervo do grupo de dança Primeiro Ato.
Mundo Perfumado. Acervo do grupo de dança Primeiro Ato.
Quatro por Quatro. Cia. de Dança Deborah Colker.
Sem Lugar. Acervo do grupo de dança Primeiro Ato.
Trisha Brown, Early Works: 1966-1979. Trisha Brown Dance Company.

Livros

A.A.V.V. *The Foundations of Classical Ballet Technique*. London: Royal Academy of Dancing, 1997.
ALVARENGA, Arnaldo. *Dança Moderna e Educação da Sensibilidade: Belo Horizonte (1959-1975)*. Dissertação de mestrado, Faculdade de Educação, Belo Horizonte, UFMG, 2002.
ANDRADE, Carlos Drummond de. *Lição de Coisas*. São Paulo: Companhia das Letras, 2012.
_____. *A Rosa do Povo*. São Paulo: Companhia das Letras, 2012.
_____. *Alguma Poesia*. Rio de Janeiro: Record, 2007.
_____. *Amar se Aprende Amando*. Rio de Janeiro: Record, 2001.
_____. *Brejo das Almas*. Rio de Janeiro: Record, 2001.
_____. *Corpo*. Rio de Janeiro: Record, 2001.
_____. *Corpo: Novos Poemas*. Rio de Janeiro: Record, 1984.
_____. *Antologia Poética*. Rio de Janeiro: José Olympio, 1979.
ARTAUD, Antonin. *O Teatro e o Seu Duplo*. Lisboa: Minotauro, 1996.
AU, Susan. *Ballet and Modern Dance*. London: Thames and Hudson, 1988.
AUGÉ, Marc. *Não-Lugares: Introdução a uma Antropologia da Supermodernidade*. Campinas: Papirus, 1994.
BANES, Sally. *Greenwich Village 1963: Avant-Garde, Performance e o Corpo Efervescente*. Rio de Janeiro: Rocco, 1999.
_____. *Terpsichore in Sneakers*. Middletown: Wesleyan University Press, 1987.
BARROS, Manoel de. *Livro Sobre Nada*. Rio de Janeiro: Record, 1996.
BARTHES, Roland. *A Câmera Clara*. Rio de Janeiro: Nova Fronteira, 2000.
BAUDRILLARD, Jean. *Senhas*. Rio de Janeiro: Difel, 2007.
BERTHOLD, Margot. *A História Mundial do Teatro*. São Paulo: Perspectiva, 2000.
BOGEA, Inês (org.). *Oito ou Nove Ensaios Sobre o Grupo Corpo*. São Paulo: Cosac Naify, 2001.
BONFITTO, Matteo. *O Ator-Compositor: As Ações Físicas Como Eixo: de Stanislávski a Barba*. São Paulo: Perspectiva, 2002.
BORGES, Jorge Luis. *Esse Ofício do Verso*. São Paulo: Companhia das Letras, 2001.
BROOK, Peter. *O Ponto de Mudança*. São Paulo: Civilização Brasileira, 1995.
COPELAND, Roger; COHEN, Marshal (eds.). *What is Dance?* Oxford/New York: Oxford University Press, 1983.

REFERÊNCIAS BIBLIOGRÁFICAS

CRÉMÉZI, Sylvie. *La Signature de la danse contemporaine*. Paris: Chiron, 1997.
CYPRIANO, Fabio. *Pina Bausch*. São Paulo: Cosac Naify, 2005.
DERRIDA, Jacques. *Políticas da Amizade*. Porto: Campo das Letras, 2003.
DIAS, Linneu; NAVAS, Cássia. *Dança Moderna*. São Paulo: Secretaria Municipal de Cultura, 1992.
FEBVRE, Michèle. *Danse contemporaine et théâtralité*. Paris: Chiron, 1995.
FERNANDES, Ciane. *Pina Bausch e o Wuppertal Dança-Teatro: Repetições e Transformações*. São Paulo: Hucitec, 2000.
FERNANDES, Sílvia. *Teatralidades Contemporâneas*. São Paulo: Perspectiva, 2010.
FÉRAL, Josette. Por uma Poética da Performatividade: O Teatro Performativo. *Sala Preta*, São Paulo, v. 8, n. 1, 2008.
FOUCAULT, Michel. *Vigiar e Punir: Nascimento da Prisão*. Petrópolis: Vozes, 1987.
FOSTER, John. *The Influences of Rudolf Laban*. London: Lepus, 1977.
FOSTER, Susan Leigh. *Reading Dancing: Bodies and Subjects in Contemporary American Dance*. Berkeley: University of California Press, 1986.
GIL, José. *Movimento Total: O Corpo e a Dança*. São Paulo: Iluminuras, 2004.
GLUSBERG, Jorge. *A Arte da Performance*. São Paulo: Perspectiva, 1987.
GOLDBERG, Roselee. *A Arte da Performance: Do Futurismo ao Presente*. São Paulo: Martins Fontes, 2006.
GROTOWSKI, Jerzy. *Em Busca de um Teatro Pobre*. Rio de Janeiro: Civilização Brasileira, 1971.
GUINSBURG, J. *Stanislávski, Meierhold & Cia*. São Paulo: Perspectiva, 2001.
GUINSBURG, J.; FERNANDES, Sílvia. *O Pós-Dramático*. São Paulo: Perspectiva, 2009.
HARTLEY, Linda. *Wisdom of the Body Moving: An Introduction to Body-Mind Centering*. Berkeley: North Atlantic Books, 1995.
KATZ, Helena. *Um, Dois, Três: A Dança é o Pensamento do Corpo*. Belo Horizonte: Fid, 2005.
_____. *O Brasil Descobre a Dança Descobre o Brasil*. São Paulo: DBA, 1994.
LABAN, Rudolf. *Domínio do Movimento*. São Paulo: Summus, 1978.
LABAN, Rudolf; LAWRENCE, Frederick. *Effort: Economy of Body Movement*. Boston: Plays, 1974.
LEHMANN, Hans-Thies. Motivos Para Desejar uma Arte da Não-Compreensão. *Urdimento*, Florianópolis, v. 1, n. 9, 2007.
_____. *O Teatro Pós-Dramático*. São Paulo: Cosac Naify, 2009.
LINS, Sergio. *Sinergia: Fator de Sucesso nas Relações Humanas*. Rio de Janeiro: Campus, 2003.
LOUPPE, Laurence. Corpos Híbridos. *Lições de Dança*, Rio de Janeiro, n. 2, 2000.
MARIA, Luzia. *Drummond: Um Olhar Amoroso*. São Paulo: Escrituras, 2002.
MAZO, Joseph H. *Prime Movers*. NewYork: William Morrow and Company, 1977.
MEDEIROS, Maria Beatriz de; MONTEIRO, Marianna F.M.; MATSUMOTO, Roberta K. *Tempo e Performance*. Brasília: Editora da Pós-Graduação em Arte da Universidade de Brasília, 2007.
MERLEAU-PONTY, Maurice. *O Visível e o Invisível*. São Paulo: Perspectiva, 2005.
MONTEIRO, Marianna. *Noverre: Cartas Sobre a Dança*. São Paulo: Edusp, 1998.
NAVAS, Cássia. Dança Brasileira no Final do Século XX. In: CUNHA, Newton (org.). *Dicionário Sesc: A Linguagem da Cultura*. São Paulo: Sesc-SP / Perspectiva, 2003.
_____. Danza Nacional en Brasil: Aspectos de lo Moderno y de lo Contemporáneo. *Itinerário por la Danza Escénica de América Latina*. Caracas: Conac, 1994.

NOLASCO, Edgar. Carlos Drummond de Andrade e Clarice Lispector: Amizades *Gauches. Discutindo Literatura*, São Paulo, n. 20.
NORA, Sigrid. *Humus*. Caxias do Sul: Lorigraf/Itaú Cultural, 2011.V. 4.
ORLANDI, Eny Puccinelli. *As Formas do Silêncio: No Movimento dos Sentidos*. Campinas: Editora da Unicamp, 2007.
PAVIS, Patrice. *A Análise dos Espetáculos*. São Paulo: Perspectiva, 2006.
_____. *Dicionário de Teatro*. São Paulo: Perspectiva, 2007.
PUCHNER, Martin. *Stage Fright: Modernism, Anti-Theatricality, and Drama*. Baltimore: The Johns Hopkins University Press, 2002.
REIS, Glória. *Cidade e Palco: Experimentação, Transformação e Permanências*. Belo Horizonte: Cuatiara, 2005.
RENGEL, Lenira. *Dicionário Laban*. São Paulo: Annablume, 2003.
RYNGAERT, Jean-Pierre. *Ler o Teatro Contemporâneo*. São Paulo: Martins Fontes, 1998.
SÁNCHEZ, Lícia Maria Morais. *A Dramaturgia da Memória no Teatro-Dança*. São Paulo: Perspectiva, 2010.
SIQUEIRA, Denise da Costa Oliveira. *Corpo, Comunicação e Cultura: A Dança Contemporânea em Cena*. Tese de doutorado, Escola de Comunicação e Artes, São Paulo, USP, 2002.
_____. *Corpo, Comunicação e Cultura: A Dança Contemporânea em Cena*. Campinas: Autores Associados, 2006.
STANISLÁVSKI, Konstantin. *Minha Vida na Arte*. Rio de Janeiro: Civilização Brasileira, 1989.
_____. *A Construção da Personagem*. Rio de Janeiro: Civilização Brasileira, 1976.
SUCENA, Eduardo. *A Dança Teatral no Brasil*. Rio de Janeiro: Fundacen, 1988.
TELES, Gilberto Mendonça. *Drummond: A Estilística da Repetição*. Rio de Janeiro: José Olympio, 1976.
VIANNA, Klauss. *A Dança*. São Paulo: Summus, 2005.
VICENZIA, Ida. *Dança no Brasil*. Rio de Janeiro: Funarte, 1997.
VIDOR, Heloise Baurich. O Papel do Espectador no Processo de Drama Educação e Sua Relação com a Teatralidade. *Urdimento*, Florianópolis, v. 1, n. 9, 2007.
VIRMAUX, Alain. *Artaud e o Teatro*. São Paulo: Perspectiva, 1978.
WERNECK, Humberto; NAVAS, Cássia. *Primeiro Ato*. Belo Horizonte: Rona/Banco Rural, 2002.
XAVIER, Jussara; MEYER, Sandra; TORRES, Vera (orgs.). *Pesquisas em Dança*. Joinville: Letradágua, 2008. V. 1.

Sites

ACERVO *Klauss Vianna*. Disponível em: <www.klaussvianna.art.br>. Acesso em: 12 abr. 2009.
DAWKINS, Richard. *Viruses of the Mind*. Disponível em: <http://old.richarddawkins.net/articles/98-viruses-of-the-mind>. Acesso em: 20 out. 2008.
MATEUS, Paula. *O Fim da Arte e a Dissolução dos Ideais Revolucionários*. Disponível em: <Document1www.cfh.ufsc.br/~wfil/danto.htm>. Acesso em: 10 fev. 2009.

PENHA, Ana Baltazar da. *A Mobilidade Essencial do Sujeito Pós-Moderno na Poética de Ana Cristina César*. Disponível em: <www.ciencialit.letras.ufrj.br/garrafa7/1.html>. Acesso em: 30 jan. 2009.

ROCCA, Adolfo Vásquez. *Modernidad Líquida y Fragilidad Humana*. Disponível em: <http://www.margencero.com/articulos/new/modernidad_liquida.html>. Acesso em: 10 fev. 2009.

RUMOS Itaú Cultural. Disponível em: <http://www.itaucultural.org.br/index.cfm?cd_pagina=2691>. Acesso em: 12 out. 2008.

SITE PROFISSIONAL de Helena Katz. Disponível em: <www.helenakatz.pro.br>. Acesso em: 12 abr. 2009.

TOMAZZONI, Airton. *Esta Tal de Dança Contemporânea*. Disponível em: <http://idanca.net/lang/pt-br/2006/04/17/esta-tal-de-danca-contemporanea>. Acesso em: 15 abr. 2009.

Este livro foi impresso na cidade de São Bernardo do Campo,
nas oficinas da Paym Gráfica e Editora, em setembro de 2013,
para a Editora Perspectiva.